Marca personal

Cómo venderse a sí mismo en línea usando el Mercadeo de Medios Sociales y el potencial oculto de los Influencers, Instagram, Publicidad en Facebook, YouTube, Twitter, Blogs y más

© Copyright 2020

Todos los derechos reservados. Ninguna parte de este libro puede ser reproducida de ninguna forma sin el permiso escrito del autor. Los reseñantes pueden citar pasajes breves en los comentarios.

Cláusula de exención de responsabilidad: Ninguna parte de esta publicación puede reproducirse o transmitirse de ninguna forma ni por ningún medio, mecánico o electrónico, incluidas fotocopias o grabaciones, ni por ningún sistema de almacenamiento y recuperación de información, ni transmitirse por correo electrónico sin la autorización escrita del editor.

Si bien se han realizado todos los intentos para verificar la información provista en esta publicación, ni el autor ni el editor asumen ninguna responsabilidad por los errores, omisiones o interpretaciones contrarias del contenido aquí presente.

Este libro es solo para fines de entretenimiento. Las opiniones expresadas son solo del autor y no deben tomarse como instrucciones u órdenes de expertos. El lector es responsable de sus propias acciones.

El cumplimiento de todas las leyes y normativas aplicables, incluidas las leyes internacionales, federales, estatales y locales que rigen las licencias profesionales, las prácticas comerciales, la publicidad y todos los demás aspectos de realizar negocios en los EE. UU., Canadá, el Reino Unido o cualquier otra jurisdicción es de exclusiva responsabilidad del comprador o lector

Ni el autor ni el editor asumen ninguna responsabilidad u obligación alguna en nombre del comprador o lector de estos materiales. Cualquier desaire percibido de cualquier individuo u organización es puramente involuntario.

Tabla de contenido

INTRODUCCIÓN 1
CAPÍTULO 1: LA REALIDAD PERSONAL DE LA MARCA PERSONAL.......3
CAPÍTULO 2: ACLARANDO SU MARCA 10
CAPÍTULO 3: INFLUENCERS EN LÍNEA Y LOCALES..................................19
CAPÍTULO 4: FACEBOOK E INSTAGRAM...29
CAPÍTULO 5: MERCADEO EN TWITTER 45
CAPÍTULO 6: YOUTUBE Y PODCASTS 60
CAPÍTULO 7: BLOGS Y BLOGUEROS 71
CONCLUSIÓN...85

Introducción

Este libro es para cualquiera que esté listo para dominar el arte de la marca personal en 2019 usando los medios sociales y los muchos beneficios que estos tienen que ofrecer. Si usted está listo para "dominarlo" en el espacio en línea este año, ¡siga leyendo!

Hay muchas cosas por ahí con respecto a lo que significa la marca personal, cómo funciona la marca personal, y lo que usted puede lograr a través de su marca. Debido a la creciente popularidad del estilo de vida digital nómada, todos quieren aprender a venderse a sí mismos y construir una red a su alrededor llena de personas que sean capaces de ayudarles a hacer crecer su marca. Naturalmente, esto ha llevado a una gran cantidad de información flotando alrededor de cómo usted puede venderse a sí mismo, lo que se requiere para una marca personal, y lo que hay que hacer para convertir su marca en conversiones. Por supuesto, usted no querrá perder el tiempo escudriñando mares de información cuando, en realidad, usted puede leer esta guía con la misma facilidad y acceder a todas las herramientas de marca personal más relevantes y modernas para el 2019.

Debe entender que cada año, los métodos utilizados para la marca y el desarrollo de su negocio cambian y evolucionan. Lo que funcionaba hace tres o dos años, o incluso hace solo un año, no funcionará tan eficazmente ahora, en muchos casos, porque la industria en general se ha desarrollado hasta un punto en el que simplemente no puede seguir manteniendo prácticas anticuadas. Hoy en día, prácticamente todos los públicos en línea buscan un cierto elemento de autenticidad, personalidad y experiencia de cualquier persona a la que elijan admirar. Si usted quiere tener una marca personal exitosa, necesita aprender cómo puede desarrollar estos elementos de su marca de manera que pueda ser fácilmente descubierta por cualquiera que pueda estar tratando de encontrar una persona que ofrezca justo lo que usted planea ofrecer.

Si usted está listo para descubrir los elementos de la nueva era necesarios para la marca personal en 2019, y cómo puede utilizar estos elementos para desarrollar una marca que le ayude a obtener beneficios, ¡entonces es el momento de comenzar su viaje de desarrollo de su marca personal!

¡Sumérjase y disfrute del proceso!

Capítulo 1: La realidad personal de la marca personal

Antes de indagar en los mecanismos de lo que se necesita para desarrollar una marca personal, en primer lugar, es una buena idea explorar lo que es realmente una marca personal para que usted pueda decidir si está listo o no para tener una. Incluso si ya usted tiene una marca, si usted está luchando por crecer al ritmo que desea, la lectura de este capítulo le ayudará a equiparse con las herramientas adecuadas para abordar su crecimiento personal de manera eficaz. La marca personal está de moda en este momento y, de una manera u otra, muchas personas la utilizan como una herramienta para desarrollar su reputación y aprovechar su reputación para obtener mejores oportunidades en la vida. Dicho esto, algunas personas hacen marca personal aprovechando su reputación para ganar más en la vida, y personas que hacen marca como una herramienta intencional que les ayuda a desarrollar un negocio rentable. ¡Si usted está leyendo este libro, lo más probable es que usted quiera desarrollar su propio negocio rentable potencializando su marca, lo cual es una idea increíble!

Antes de empezar, es importante entender qué es lo que se necesita de usted como persona para dirigir su marca. Mucha gente comienza sus negocios con una falta de conciencia respecto al desarrollo de su marca a nivel personal. Por supuesto, la forma en que estas marcas en particular se desarrollan es diferente de su marca promedio porque se basan en usted como persona, en lugar de una entidad separada que usted ha desarrollado para su marca en sí. Solo por esa razón, hay mucho trabajo personal, compromiso y esfuerzo que se dedica a la creación de su marca. Lo ideal sería que estuviera preparado para asumir todo este trabajo personal para permitirse crecer hasta alcanzar el máximo potencial de su marca personal y aprovechar al máximo sus esfuerzos. En este capítulo, usted va a explorar lo que son estas cosas, cómo pueden afectarle y qué puede hacer para asegurarse de que crece a través de ellas en lugar de encontrarse atrapado o atascado bajo una difícil montaña de crecimiento.

Mantenga su mente abierta

Cuando se trata de la marca personal, usted debe mantener una mente abierta si va a crecer a través de todos los obstáculos que se enfrentará en el camino. La marca personal puede ser sencilla en teoría, pero cuando se trata de aplicar lo que usted ha aprendido, tendrá que descubrir cómo puede mantenerse mentalmente en el camino para seguir aplicando los pasos día tras día. Para alguien que nunca ha estado en el mundo del desarrollo de marcas, puede tomar algún tiempo "conocer las cuerdas" y descubrir cómo usted va a salir ahí fuera y crecer. Para algunas personas, el desarrollo de una marca se basa en gran medida en la libertad, lo que puede conducir a una falta de ética laboral y a la incapacidad de mantener el compromiso, y para otros, es fácil mantenerse centrado y seguir trabajando. Si usted se da cuenta de que es alguien que lucha por mantenerse enfocado, tendrá que mantener su mente abierta para aprender nuevas formas en las que pueda seguir aplicándose, incluso cuando se sienta desafiado a mantenerse comprometido.

Otra razón por la que usted quiere mantener una mente abierta es que el desarrollo de su marca puede ser un reto si se mantiene demasiado apegado a su idea original. Usted necesita tener una fuerte visión de lo que quiere crear, mientras que también se mantiene flexible en cómo se ve y los pasos que va a tomar para llegar allí. En pocas palabras, usted no sabe todo en este momento, y a medida que aprenda y desarrolle más su marca, su visión evolucionará con el tiempo. Mantener una mente abierta les permitirá continuar desarrollando su marca para que pueda permitirse fácilmente seguir construyendo sin intentar confinarse a un sueño que puede que ya no se ajuste a sus necesidades o deseos.

Siempre concéntrese en su crecimiento personal

Cuando se trata de desarrollar una marca personal, el crecimiento personal es importante. La gente que le sigue va a estar genuinamente comprometida en su viaje de crecimiento personal, sin importar la industria en la que usted esté, porque su crecimiento inspirará el crecimiento de ellos. Cuanto más se centre en su crecimiento personal, más estará presente y servirá a su público, lo que permitirá que todos sigan creciendo juntos. No tema soportar el crecimiento que surge naturalmente en su camino, así como el crecimiento que se siente llamado a explorar a lo largo del mismo, ya que todas las formas de crecimiento personal solo le ayudarán a reforzar el poder de su marca.

Además de ayudar a su audiencia a relacionarse con usted y sentirse inspirado, el crecimiento personal también le ayudará a desarrollar una marca más fuerte en general. Cuando usted trabaja continuamente hacia el crecimiento personal, su confianza y habilidades aumentan también, lo que hace más fácil para usted continuar apareciendo y sirviendo a su audiencia. No solo una mayor confianza en sí mismo apoyará su marca, sino que también apoyará toda su vida en general, ya que podrá empezar a disfrutar más de su vida y más de sí mismo a través de su desarrollo personal.

Mantenga sus objetivos claros

Cuando se trata de la marca personal, puede ser un desafío identificar qué partes de uno mismo deben ser asociadas con su marca visible y qué partes deben mantenerse para usted mismo. Por un lado, usted quiere mantenerse auténtico y compartir su verdadero ser con su público, mientras que, por otro lado, quiere asegurarse de no confundirlos al compartir demasiado o al dejar de lado la marca. La mejor manera de asegurarse de que siempre está en la marca con su público es asegurarse de que tiene claro los objetivos con su marca personal. Si usted está interesado en compartir su marca con su público para poder enseñarles sobre el mercadeo, entonces asegúrese de que todas las partes de su ser personal que comparte con ellos de una manera u otra pertenecen al mercadeo. Si está desarrollando una marca de salud y bienestar como entrenador personal, asegúrese de que todos los elementos visibles de su marca coincidan con sus compromisos de salud y bienestar. Cuanto más claro tenga el desarrollo de su marca, más fácil le resultará saber exactamente lo que debe compartir, y lo que no debe compartir.

Además de tener metas para su marca, no olvide tener metas para usted también. Cuando se trata de desarrollar una marca personal, puede ser fácil olvidar que usted tiene otros aspectos de su vida más allá de la vida que está construyendo alrededor de su marca en el espacio en línea. Tener objetivos personales puede mantenerlo más activo en su vida personal para que pueda seguir desarrollándose como individuo junto con el desarrollo de su marca, lo que mejorará aún más sus posibilidades de éxito.

Dese permiso para evolucionar

Cuando se desarrolla una marca personal, puede ser fácil crecer apegado a la imagen que se ha desarrollado para su marca y luego luchar para permitirse evolucionar con el tiempo. Muchas personas se encuentran con que no están dispuestas a evolucionar su marca porque temen que su público deje de seguirlos a través de los cambios. La realidad es en verdad bastante diferente: prácticamente todas las marcas personales evolucionan con el tiempo, y en la mayoría de los casos, todos sus fieles seguidores simplemente evolucionarán con ellos y continuarán apoyando la marca a través de todas las diferentes evoluciones. Algunos de su público puede que se queden en el camino, pero confíe en que a medida que se marchen, incluso miembros más alineados de su público comenzarán a llegar para que usted les sirva.

Es importante para su salud general que permita que la evolución sea un elemento básico necesario en su marca, ya que nadie quiere permanecer igual para siempre. Intentar permanecer igual para siempre hará que pierda su autenticidad, lo que hará que su marca se desmorone y que pierda el interés en lo que está intentando desarrollar. Para algunos propietarios de negocios, esto puede incluso convertirse en un punto de estrés mental significativo, ya que no se permiten ser quienes son, sino que intentan permanecer iguales para servir a su público. Confíe en que su evolución es un activo valioso para su marca, y continúe trabajando hacia su evolución de manera consistente, mientras que también le permite ser una parte importante de la marca que está desarrollando. Cuanto más trabaje junto a sí mismo y a su audiencia a través de la evolución, más auténtica será su marca a lo largo del camino.

Esté dispuesto a aprender cosas nuevas

Una parte del desarrollo personal y la evolución es estar dispuesto a aprender cosas nuevas, y esto es especialmente importante cuando se trata de desarrollar una marca. Cuando desarrolla una marca, asegúrese de que usted está abierto a aprender todos los nuevos elementos que vienen con el proceso, tales como la mentalidad y las estrategias técnicas que se requieren. No tenga miedo de salir y aprender una nueva habilidad si va a ayudar a desarrollar su marca más rápidamente.

Al principio, gran parte de lo que se necesita para desarrollar una marca debe ser hecho por usted, a menos que planee contratar gente que lo apoye en todo. Aun así, debe desarrollar su marca usted mismo, ya que desarrollarla de cualquier otra manera podría resultar en que su marca no se vea como auténtica o interesante. Si usted quiere aumentar sus posibilidades de ser reconocido por su público objetivo, es vital que aprenda a desarrollar sus cuentas de medios sociales, su sitio web y su mensaje en general. Esto no solo le ayudará a desarrollar su marca con su mensaje, sino que también le permitirá dirigir su marca a su manera, de modo que, aunque no pueda permitirse contratar a nadie para que le ayude, podrá desarrollar usted mismo todas las partes funcionales de su marca. No tenga miedo de tomar cursos, o leer libros como este, sobre mercadeo en medios sociales y similares para apoyarlo en el desarrollo de su marca en el espacio en línea.

Aprenda a desprenderse

Cuando se trata de desarrollar su marca en línea, también necesita aprender a dejar ir. Dejar ir puede ser una de las herramientas más poderosas que usted aprende cuando se trata de desarrollar su marca personal, ya que le permitirá mantener su marca en movimiento incluso frente a la adversidad. Dos de los momentos más importantes a los que usted necesita prestar atención a dejar ir es cuando se trata de dejar ir las cosas que la gente dice, y dejar ir su necesidad de ser perfecto. La crítica y el perfeccionismo son dos de las cosas más desafiantes con las que trabajar cuando se trata de desarrollar su negocio, y aprender a dejar ir es una clave importante para permitirle superar ambas cosas.

Mucha gente encuentra que tener críticas hacia su marca es un desafío porque sienten que están siendo atacados personalmente, lo cual rara vez es cierto. Cuando se trata de la crítica, hay que entender que, en la mayoría de los casos, la gente solo está criticando sus servicios, no a usted, y rara vez lo están criticando de una manera que pretende ser dura o mezquina. En lugar de eso, simplemente están tratando de proporcionarle una retroalimentación, y puede que no tengan necesariamente las habilidades necesarias para proporcionar una retroalimentación positiva.

Cuando se trata de desprenderse del perfeccionismo, esta estrategia es una manera poderosa de ayudarle a sacar su contenido ahí fuera más pronto que tarde. Una cosa que mucha gente hace es contenerse porque quieren que todo se vea perfecto, lo cual rara vez es importante para alguien más que para ellos mismos. Intentar mantenerse a la altura de los estándares de perfeccionismo puede llevarle a tener miedo de avanzar con cualquier cosa porque siempre estará buscando defectos en su trabajo. Aunque usted quiere estar orgulloso de lo que hace, apunte a tener altos estándares, no estándares perfectos. Intentar hacer todo perfectamente solo resultará en que se sienta como si no fuera lo suficientemente bueno, lo que puede llevarle a sentirse indigno de dirigir su negocio. No tenga miedo de dejar el perfeccionismo para poder desarrollar su negocio lo mejor posible, y confíe en que sus habilidades evolucionarán y mejorarán a medida que crezca.

Capítulo 2: Aclarando su marca

Ahora que usted es consciente de lo que le costará como persona desarrollar su marca personal, es hora de que se ponga manos a la obra. En este capítulo, usted va a aprender a aclarar su marca personal y a empezar a desarrollar oportunidades de crecimiento a través de estrategias técnicas de crecimiento reales. Si usted está listo para crecer realmente y expandir su negocio para alcanzar su máximo potencial, este capítulo es una herramienta esencial para que usted pueda comenzar.

Muchas personas no tienen claro lo que es realmente su marca personal, o no tienen claro cómo pueden comunicar eficazmente su marca a otro ser humano porque, para ellos, simplemente "es". Cuando se desarrolla una marca personal, puede ser fácil olvidar que no todos son ustedes y eso significa que no todos van a entender realmente lo que están creando, lo que puede resultar en que se sientan incomprendidos. Esto queda claro cuando la gente intenta desarrollar una marca y nadie responde: lo más probable es que no estén siendo lo suficientemente claros, por lo que su público no es consciente del hecho de que son incluso su público. Si usted no puede comunicar su marca a otra persona con claridad, le va a costar mucho trabajo construir su marca hasta el punto de que otras personas entiendan realmente lo que usted está haciendo y empiecen a trabajar con usted.

Por qué su marca necesita ser clara

Las marcas son excelentes herramientas que ayudan a las empresas a llegar a su público con productos y servicios que satisfacen las necesidades de su público. Cuando se trata de desarrollar una marca, su claridad es su súper poder, ya que una marca clara puede llegar más eficazmente a su público objetivo y proporcionarles la información, productos y servicios que necesitan. A medida que desarrolle su marca, tener un mensaje claro le permitirá saber no solo lo que está desarrollando, sino también cómo debe trabajar para desarrollarlo. Dado que tiene un enfoque muy claro en mente, debería resultarle más fácil determinar cuál es su mejor curso de acción a medida que crece, ya que sabe exactamente hacia qué está trabajando.

Usted quiere trabajar hacia la aclaración de su marca en dos niveles: en primer lugar, usted necesita aclarar su marca para sí mismo para que usted sepa lo que es que está usted trabajando a favor de su negocio, como se ha mencionado. La segunda parte de la aclaración de su marca, y eso es igualmente importante, es aclararla a su público, ya que su público va a querer saber precisamente quién es usted y lo que pueden esperar de usted. Si no se aclara la marca a su público, este puede no entender qué es lo que usted es, y tampoco reconocer que es su público, o puede no ver el significado de su marca y cómo le afecta. Para evitar esto, es necesario identificar cómo puede aclarar su marca para usted y para su público para que ambos estén siempre operando en la misma página.

Aclarar el objetivo de su marca

El siguiente paso en el desarrollo de su marca clarificada es identificar cuál es su objetivo general de marca. Si ya tiene uno de estos, puede simplemente revisar su objetivo de marca existente y asegurarse de que ha sido desarrollado con suficiente claridad y propósito para apoyarle en el desarrollo de su marca. Si aún no ha desarrollado un objetivo de marca, quiere aclarar un único objetivo de marca que es esencialmente lo principal en lo que está trabajando. Este objetivo primario asegura que usted tiene un enfoque muy claro con respecto a la dirección en la que está llevando su marca, lo que le permitirá desarrollar el resto de su claridad en torno a su marca personal.

La creación de un objetivo de marca es bastante simple: ¡solo tiene que identificar cuál es su misión y por qué es su misión, y entonces tendrá un objetivo de marca! Lo ideal es que el objetivo de la marca sea directo y se dirija a un resultado muy específico para asegurar que siempre se trabaja en algo que sea fácil de identificar. Intentar destacar un elaborado objetivo de marca solo va a resultar en que usted sienta una falta de enfoque y comprensión en torno a lo que está tratando de perseguir.

Aquí hay algunos ejemplos de objetivos de marca de marcas populares con los que probablemente se haya encontrado en algún momento de su vida, para darle una idea de cómo es un objetivo de marca efectivo:

- *Brand Power*: ayuda a la gente a comprar productos de alta calidad con confianza.
- Mr. Clean: hace la limpieza más fácil.
- Coca-Cola: reúne a la gente para que disfruten de la compañía de los demás.
- Dr. Oz: educa a la gente en prácticas de salud natural, y cómo pueden tomar su bienestar en sus propias manos.
- Special K: proporciona snacks sabrosos y saludables, y alimentos para el desayuno.

Al identificar claramente qué resultado quiere que su público tenga de su marca, le facilita trabajar hacia algo específico. Debe pasar unos minutos pensando en cuál es su objetivo, y luego tratar de resumir el objetivo de su marca en una sola frase. Si puede reducir su objetivo a una sola frase, entonces sabrá que lo ha aclarado lo suficiente como para poder mantenerse muy enfocado en lo que desea lograr.

Es importante entender que su marca va a tener diferentes tipos de objetivos a lo largo del camino, pero su objetivo principal siempre será el mismo. Otros objetivos que puede experimentar incluyen algunos, como cuántos clientes le gustaría reservar, cómo quiere aumentar su proporción de seguidores y otros objetivos similares. Estos tipos de objetivos se describen mejor como objetivos de hito que se establecen para ayudarle a lograr su objetivo general. Aunque estos objetivos son igual de importantes, no identifican hacia qué es lo que está trabajando, sino que identifican cómo va a trabajar para conseguirlo y qué hitos hay que marcar para que identifique que está trabajando claramente hacia su objetivo mayor.

Destacando sus valores fundamentales

Además de resaltar el objetivo principal de su marca, también quiere resaltar los valores centrales de su marca, ya que sus valores centrales van a ayudarle a resaltar el camino claro hacia su objetivo. Después de todo, hay muchas maneras de alcanzar un objetivo en particular, pero hay una manera específica que debe ser perseguida para ayudar a que su camino se mantenga en sintonía con su marca en general. Sus valores fundamentales asegurarán que el camino elegido hacia su objetivo siempre se alinee con lo que su marca representa y le importa. Su público se preocupa por sus valores fundamentales porque a menudo quieren conectarse con marcas que comparten valores fundamentales similares para que se sientan seguros de que van a ser atendidos de una manera que se relacione con sus necesidades en muchos niveles.

Destacar los valores centrales de su marca es simple: solo quiere elegir dos. Lo ideal sería que estos dos valores centrales se complementaran entre sí para que ambos le apoyaran en el avance hacia un mayor éxito en su negocio. Puede utilizar cualquiera de los dos valores centrales de la marca, aunque lo ideal sería que utilizara valores centrales que resuenen con usted y con su público para asegurarse de que está trabajando hacia aquello que realmente le importa a su público. También es importante que se relacione con sus valores centrales; de lo contrario, va a tener dificultades para conectarse con su público, y se encontrará con que se le ignora cuando intente comercializar su marca.

La forma más fácil de identificar sus valores fundamentales cuando se representa su marca es primero identificar sus valores fundamentales personales, ya que esto le ayudará a elegir los valores que realmente le importan. Si sus valores centrales personales se reflejan bien con su marca y apoyan a su audiencia también, entonces podría considerar liderar con estos. Alternativamente, podría utilizar sus propios valores centrales para ayudarle a labrar lo que le importa, de modo que pueda elegir los que se relacionan con su marca y que todavía van a resonar con usted, mientras que también sirven a su marca.

Una vez que haya destacado los valores centrales de su marca, preste atención a la forma en que estos valores centrales resuenan con su objetivo general. Vea si puede identificar un camino ideal hacia el logro de su objetivo utilizando sus valores centrales, de modo que pueda crear claramente el resultado que desea utilizando un proceso que lo apoye para mantenerse alineado con los valores de su marca. Por ejemplo, tal vez su objetivo es ayudar a las madres a ponerse en forma, y sus valores se colocan con la armonía y los niños. Por lo tanto, usted quiere destacar una forma de que las madres se pongan en forma usando estrategias que estén en armonía con sus ocupados horarios de trabajo y que les den valor a los niños, tal vez incorporando a los niños en los entrenamientos. En este momento, no es necesario que destaque todo su camino hacia el éxito utilizando estas tres informaciones, pero tenerlas disponibles le permite asegurarse de que está enfocado y de que cualquier paso que dé hacia el logro de sus objetivos de negocio es de marca.

Es importante entender que, al igual que con los objetivos, usted puede tener absolutamente más de dos valores, lo que simplemente significa que solo va a tener dos valores fundamentales hacia los que trabaja con su negocio. El resto de los valores que tenga serán importantes, pero al final del día, estos son los dos valores con los que medirá todo para asegurarse de que está enfocado en el verdadero propósito de su marca. En la mayoría de los casos, puede honrar sus valores, pero de esta manera, si alguna vez hay una acción que necesita tomar donde sus valores empiezan a entrar en conflicto entre sí, sabe que necesita trabajar en nombre de sus valores centrales, no de sus valores secundarios.

Refinando su marca existente

Ya que usted está creando una marca personal, es inevitable que ya tenga una marca en su lugar, ya que su marca personal es simplemente su reputación. Lo más probable es que ya haya intentado definir su marca y utilizarla para generar éxito también, por lo que ahora desea simplemente refinar su marca para poder desarrollarla aún más. Si recién está comenzando, es posible que solo ahora esté aprendiendo a tomar su marca personal en sus propias manos para su crecimiento. O, si usted ha estado haciendo esto por un tiempo, puede que esté buscando la manera de refinar su marca existente para que realmente pueda empezar a desarrollar beneficios, lo que le permitirá hacer que todo valga la pena. En cualquier caso, aprender a refinar su marca significa esencialmente liberar todas las cosas que no sirven a su marca y enfocarse en lo que es exactamente lo que está tratando de crear, y cómo puede crearlo con su marca personal. De esta manera, usted puede comenzar a desarrollar su marca con un enfoque aún más claro y trabajar para servir a su audiencia de una manera más refinada para que pueda aumentar su éxito. Recuerde: cuanto más enfocado esté y más claro tenga la forma en que está sirviendo, más fácil es para usted servir a su audiencia y desarrollar sus ganancias a través de su marca.

Cuando se trata de refinar una marca que ya existe, una de las herramientas más útiles que usted puede aprovechar es aprender a mirar a través de la marca que ya ha construido para identificar dónde se encuentra su mensaje central. Cuando usted mira a través de su contenido existente, se hace más fácil para usted ver lo que más habla, cuáles son sus valores, y cómo puede ayudar a la gente de la mejor manera posible. El beneficio aquí es que también tiene la oportunidad de ver cómo su público ya ha estado respondiendo a lo que usted ha estado publicando para que pueda identificar si realmente resuenan o no con lo que usted ha estado compartiendo. De esta manera, a medida que desarrolla su marca clarificada, también puede decidir si su marca se refleja bien o no en su audiencia.

Si usted comienza a mirar a través del compromiso que ya ha estado recibiendo y encuentra que no está obteniendo un compromiso consistente, o no está obteniendo un compromiso consistente de las personas que son parte de su público objetivo, puede refinar de manera diferente. De este modo, en lugar de intentar comprender lo que le gusta a su público y lo que más quiere, puede empezar a entender por qué su público objetivo todavía no responde a su contenido. De esta manera, puede comenzar a ajustar su mensaje para que su público realmente resuene con lo que usted está diciendo y comience a responder al contenido que usted está publicando.

Resumiendo, su marca

Después de haber pasado por el proceso de establecer metas y esbozar sus valores fundamentales, usted quiere comenzar a resumir su marca en general. En el proceso de identificar su meta y valores, usted identificó su por qué y cómo, así que ahora quiere identificar su quién, o qué. Puede identificar cuál es su marca, o quién es la persona de su marca, centrándose en resumir su marca en aproximadamente cinco palabras. Cuanto más llene su quién, qué, por qué y cómo, más fácil le resultará comunicar su marca y los mensajes de su marca a su público a medida que practique el compartir sus estrategias de comercialización. A medida que empiece a identificar el quién o el qué de su marca, realmente querrá profundizar en la consideración de cuál es su identidad real, ya que es aquí donde va a encontrar su "quién".

Cuando se trata de identificar su "quién", no lo haga más grande o más complejo de lo necesario: identificar su marca en cinco palabras o menos es la mejor manera de asegurarse de que se mantenga claro y enfocado. Aquí, no necesita identificar nada más allá del "quién". Así, por ejemplo, Coca-Cola puede identificarse como "una compañía de refrescos" o Nike puede identificarse como "una compañía de ropa deportiva de moda". Estas son descripciones simples, directas y enfocadas de lo que es su marca, facilitándole la comprensión de lo que está creando.

Creación de un Tablero de Marca

Ahora que su marca ha sido aclarada en términos de quién, qué, por qué y cómo, puede que quiera empezar a desarrollar una imagen para su marca a través de un tablero de marca. Los tableros de marca, a veces llamados tableros de ánimo, son una poderosa herramienta que muchas marcas utilizan para identificar cuál es la estética general que quieren diseñar para su propia marca. Tener un tablero de marca como parte de su proceso de aclaración es una manera valiosa de asegurarse de que está manteniendo su estética en la marca con su imagen general, lo que le permite mantenerse enfocado en cómo está transmitiendo su marca. Cuanto más se concentre en el desarrollo de un mensaje claro, combinado con una estética clara, más va a ser capaz de crecer en general, ya que su marca progresivamente se volverá más atractiva para los demás debido a la claridad. Recuerde: el mayor valor que le proporciona la claridad es una clara comprensión de lo que tiene que ofrecer para que su público sepa exactamente por qué es usted tan importante para ellos y por qué necesitan seguirle para obtener lo que usted tiene que ofrecer.

Los tableros de marca pueden crearse fácilmente en una plataforma como Pinterest, o usted puede imprimir las imágenes de su tablero de marca y pegarlas en un pedazo de cartón como un tablero de visión. La creación de un tablero de marca le permitirá tener claro qué colores, fuentes y tipos de imagen desea que se asocien a su marca. A medida que construye, asegúrese de que está armando una imagen que sea coherente y que tenga sentido para asegurar que está diseñando una marca que la gente pueda entender. Intentar entretejer demasiados colores, fuentes o estéticas diferentes puede hacer que su marca pierda claridad, lo que hace que pierda el valor de clarificar su marca.

Una vez que haya desarrollado su tablero de marca, todo lo que necesita hacer es permitirse comparar sus materiales de mercadeo con su tablero de marca para asegurarse de que está creando materiales que tienen sentido para su marca. Busque siempre mantener elementos, colores y estética similares para asegurarse de que está desarrollando una marca que tiene sentido. Si descubre que comienza a hacer materiales de marketing que no se comparan con su tablero de marca de ninguna manera, no tenga miedo de actualizar sus materiales para asegurarse de que se ajustan a su tablero de marca. Si descubre que está desarrollando constantemente materiales que no son de marca, no tema ajustar su tablero de marca para que se ajuste a su nueva estética. Lo ideal es que la pizarra de la marca se utilice como una herramienta que lo mantenga en el camino, no debe sentirse como si estuviera quitando algo de la marca que se siente naturalmente llamado a crear, especialmente porque la marca que está creando gira en torno a usted como persona.

El último elemento para utilizar un tablero de marca como herramienta es revisarlo cada trimestre, ya que su tablero de marca necesitará actualizarse junto con la evolución de las tendencias de marketing. A medida que la comercialización continúa desarrollando nuevas tendencias y estilos para lo que es relevante y cómo puede llegar mejor a su público, la evolución de su tablero de marca para reflejar eso es importante. Cuanto más se concentre en mantener su tablero de marca actualizado y en las tendencias, más fácil le resultará desarrollar una marca que siga siendo relevante para su público.

Capítulo 3: Influencers en línea y locales

Los influencers son una de las herramientas de mercadeo más populares disponibles en el mercado moderno, especialmente en línea, ya que los influencers pueden poner su marca frente a una audiencia existente. Los influencers tienen tanto poder porque todo su enfoque se centra en el desarrollo de una audiencia en un nicho específico de la industria y en ganar la confianza, el afecto y la apreciación de esa audiencia. Como resultado, cuando comercializan productos o servicios a ese público, o incluso presentan a un nuevo individuo a ese público, ese producto, servicio o individuo gana mucha atención inmediatamente. Esencialmente, están respaldando profesionalmente dicho producto, servicio o individuo a su público, que es, en última instancia, el objetivo principal del influencer en su trabajo. Como resultado de su estatus y reconocimiento, los influencers reciben un ingreso saludable por endosar productos, lo que les permite continuar desarrollando su plataforma aún más grande, a su vez haciéndolos aún más valiosos para otras marcas.

A medida que usted desarrolla su marca, los influencers pueden ayudarle de muchas maneras diferentes. Una forma en que un influencer puede apoyarlo es respaldándolo como persona, probablemente conectando con usted y compartiendo imágenes de usted o dándole una "mención" en los medios sociales. Otra forma, o la más probable, es haciendo que un influencer experimente sus productos o servicios de primera mano para que pueda decirle a su público cuánto le gustan sus productos o servicios. Esto se hace a menudo a cambio de una comisión que reciben cada vez que su público adquiere uno de sus productos al ver que el influyente lo respalda. En este capítulo aprenderá más sobre cómo trabajan los influencers y cómo puede acercarse a un influencer y comenzar a trabajar con él para aumentar su crecimiento en los medios sociales.

Cómo trabajan los influencers

Probablemente usted no es nuevo en el mundo de los influencers, especialmente si usted ha estado en Internet incluso cinco minutos en los últimos cinco años. Los influencers son una forma única de "estrella" de los medios sociales que desarrollaron sus plataformas como una forma de ayudar a las marcas a llevar sus productos o servicios a más clientes, aprovechando la plataforma del influencer. Básicamente, el propósito principal de un verdadero influencer es generar un buzz masivo en línea y darse a conocer por ser ellos mismos, mientras se dirigen a un público muy específico. Típicamente, se dirigirán a un público que refleje el que una cierta industria querría aprovechar, como la moda joven, el maquillaje o la industria de la salud y el bienestar. Al dirigirse a un público relevante y desarrollar un enorme número de seguidores en ese nicho, los influencers se convierten en activos valiosos para las empresas, ya que pueden conseguir que el producto o servicio de una empresa sea visto por las mismas personas que tienen más probabilidades de comprarlo. Como el influencer ha pasado tanto tiempo desarrollando su público y haciendo crecer estas relaciones, el influencer ya no tiene que ganarse su confianza, lo que significa que casi cualquier cosa que recomiende será inmediatamente más atractiva para su público. Su público ya sabe que el influencer no le mentirá sobre la calidad de un producto; por lo tanto, sabe que, si dicho influencer lo respalda, debe ser bueno. Si un influencer mintiera a cambio de un trato con una marca de pago, ese influencer perdería la confianza de su público, lo que, a su vez, destruiría su crecimiento comercial. Dicho esto, la prioridad número uno para un influencer es ganarse y mantener la confianza de su público.

Hoy en día, la idea de poder cobrar por apoyar nuevos productos geniales es muy popular, lo que significa que mucha gente está tratando de ponerse al frente de una audiencia y establecerse como una persona influyente. Lo que ha sucedido es que mucha gente está descubriendo que el campo de influencers está inundado de falsos influencers o personas que solo tienen un par de miles de seguidores y aun así afirman que son capaces de obtener grandes beneficios para una empresa. Si bien es de esperar un crecimiento, y alcanzar un estatus mayor significa empezar en pequeño, muchos de estos aspirantes a influencers no se dan cuenta de cuánto trabajo y dedicación se necesita realmente para convertirse en un verdadero influencer. Como resultado, se caen de la faz del mapa y permanecen completamente inútiles para que las marcas trabajen con ellos. Como marca usted mismo, quiere aprender a evitar asociarse con alguien que no sea un verdadero influencer, ya que esto puede resultar en que invierta demasiado en personas que no pueden proporcionarle realmente el valor que usted necesita de un influencer.

La otra cara de la industria de los influencers son las marcas de baja calidad que intentan sacar provecho de los influencers o de los aspirantes a influencers. Este lado de la industria crea estragos de dos maneras: a través del bombardeo de verdaderos influencers, y a través de la ganancia de aquellos que desean ser verdaderos influencers. Como marca, usted no quiere identificarse con ninguna de estas categorías, ya que puede llevar a que se le vea como una marca de baja calidad que no tiene prácticamente nada que ofrecer, lo que puede destruir su credibilidad. Si usted enviara demasiado bombardeo a los verdaderos influencers para tratar de llegar a un acuerdo con ellos, especialmente si lo hace de manera poco ética, podría encontrarse con que su marca es vista como spam en general. El resultado de este comportamiento puede ser que los influencers lo vean como una marca de baja calidad, que se puede propagar rápidamente por la industria, lo que lleva a que la gente ya no lo respete o quiera trabajar con usted. Como resultado, usted pierde el acceso a esta valiosa herramienta, resultando en la pérdida de su marca debido a su irresponsable acercamiento a estos profesionales.

La otra mitad de esto es acercarse a los aspirantes a influencers o a personas que no son realmente influencers, como los que solo tienen unos pocos cientos o un par de miles de seguidores, y pedirles que sean un influencer para su marca. Este es un fenómeno común entre las marcas que tratan de hacer una venta rápida, por lo que esencialmente untan el ego de una persona haciéndole creer que tienen el potencial de ser un influencer. A menudo, estas marcas solicitarán que dicho " influencer " les compre ciertos productos o servicios, y a cambio, recibirán un código de promoción para compartir con sus seguidores. En este caso, la marca se beneficia más de los aspirantes a influencers que de las personas a las que el influencer envía, lo que constituye el objetivo general. Aunque esto puede dar lugar a beneficios para la marca, también puede dar lugar a que la marca sea vista como no genuina, de baja calidad e indigna, lo que hace más difícil que la marca crezca de manera significativa.

Encontrar influencers en línea

Hay dos tipos de influencers con los que usted puede querer trabajar: los que están en línea y tienen una audiencia global masiva, o los que son locales y tienen una audiencia local masiva. Lo ideal sería que aprovechara ambos tipos de influencers, incluso si su marca está exclusivamente en línea y carece de un verdadero elemento local. El hecho de aprovechar los influencers globales le dará un reconocimiento masivo, ayudándole a dirigir más atención a su empresa, lo que le dará la capacidad de aumentar su potencial de ingresos generales. Si usted es una marca online o una marca con un elemento online, esta es también la mejor manera de empezar a difundir su marca para que la gente pueda encontrarle y empezar a comprar sus productos.

La mejor manera de empezar a encontrar influencers es empezar a buscar su industria en línea en las plataformas de medios sociales y los motores de búsqueda. Empiece por prestar atención a quiénes son los principales influencers de su industria, y concéntrese realmente en cómo nutren a su audiencia y qué les permite ser tan efectivos y exitosos en lo que hacen. Cuanto más crezca para entender a los influencers más exitosos de su industria, más podrá identificar cuáles influencers serán los más efectivos para que trabaje con ellos. Lo más probable es que, al principio, usted no pueda trabajar eficazmente con el influencer más exitoso, ya que no podrá permitírselo o puede que no esté interesado en trabajar con alguien que aún no ha desarrollado un número significativo de seguidores en su negocio. Sin embargo, usted podrá trabajar con personas influyentes que todavía tienen un impacto significativo y que ven el potencial de su negocio. Para que usted los califique y se asegure de que su conexión sea mutuamente beneficiosa, querrá asegurarse de que los está comparando con los influencers más exitosos de su industria. De esta manera, puede garantizar que está trabajando con personas influyentes que tienen un alto potencial y son capaces de sacar su nombre a la luz.

Los mejores lugares para buscar influencers incluyen la pestaña de tendencias de Twitter, la página de descubrimiento de Instagram o cualquier página de publicación superior para hashtags asociados a su nicho, y en grupos de influencers de Facebook. También usted puede encontrar influencers simplemente yendo a Google y tecleando "famosos (de la industria) influencers". Esta es una excelente manera de empezar a encontrar personas en su nicho que se dirigen de manera efectiva a su audiencia para que usted pueda ser descubierto por un mayor número de personas aún más rápido.

Encontrar influencers localmente

Si usted desea comenzar a conectarse con influencers locales, puede hacerlo utilizando todas las mismas técnicas de búsqueda que utilizó con los influencers globales, pero incluyendo parámetros de búsqueda específicos de cada lugar. Normalmente, la forma más fácil de encontrar influencers locales es mirar en la sección de "puestos principales" de una búsqueda de hashtag de Instagram para encontrar un hashtag local, lo que le permite empezar a identificar quién es popular en su zona. Luego, solo tiene que empezar a buscar a aquellos que parecen formar parte de su nicho para poder empezar a interactuar con ellos. Puede empezar por seguirlos y anotar sus nombres en algún lugar para saber qué influencers eran las que eran locales para usted, en contraposición al resto, que puede no ser necesariamente local en absoluto.

Aunque no sea un negocio estrictamente local, tener acceso a los influencers locales es una poderosa oportunidad para empezar a trabajar junto con los influencers locales para maximizar su audiencia. Con los influencers locales, usted puede comenzar a cultivar verdaderas amistades en persona y potencialmente incluso ser visto con estos influencers localmente, lo que le permite tomar fotos con ellos y etiquetarlas en sus imágenes locales. Esta es una gran oportunidad, también, para que usted tenga personas que están cerca que entienden la industria en la que usted está y que pueden convertirse en verdaderos amigos de usted. Como recordarán del capítulo 1, tener personas que le entiendan y puedan disfrutar de esta parte de su vida con usted es una gran oportunidad para que siga disfrutando de su industria sin sentir el aislamiento que ocasionalmente experimentan los empresarios. Por lo tanto, el desarrollo de su círculo de influencia local no solo es valioso para su marca, sino también para su bienestar general.

Conectando éticamente con los influencers

Una vez que usted ha identificado los influencers con los que le gustaría conectarse, no debe conectarse hasta que entienda cómo hacerlo de manera ética y compasiva. Recuerde: los influencers trabajan con las marcas todo el tiempo, lo que significa que están acostumbrados a colaborar con marcas que son profesionales y saben cómo acercarse a ellas de manera profesional y carismática. Enviar correos electrónicos no deseados y hacerles preguntas en su sección de comentarios no va a hacer que un influencer crea que es usted con quien tienen que trabajar, ya que esto parece poco profesional y juvenil. Lo ideal es que se acerque a los influencers con profesionalidad y gracia, lo que les permite verlo como respetuoso, y hace más probable que quieran hacer negocios con usted. Si usted está bombardeando su *feed* con correos electrónicos no deseados e intenta crear una amistad superficial entre usted y un influencer, todo lo que va a encontrar es que ellos lo vean como una falsificación y desarrollen un mal gusto por lo que usted es y lo que tiene que ofrecer. Si usted empieza de esta manera, se dará cuenta, con el tiempo, que el influencer no le hablará, aunque ofrezca un acercamiento respetable, porque no están interesados en su falsa atención. Puede que incluso piensen que usted es inestable o que es potencialmente arriesgado hacer negocios con usted, siendo especialmente cautelosos a su alrededor.

Cuando se trata de acercarse a un influencer de manera ética, usted debe centrarse en hacerlo aprendiendo primero más sobre ellos. Siga al influencer por una o dos semanas, involúcrese casualmente con su contenido, y tenga una idea de quiénes son realmente. No se sienta abrumado o perdido en su número de seguidores y su imagen, ya que quiere asegurarse de que tiene una idea de quiénes son como persona, ya que se trata de una persona que está a punto de representarle en su negocio si los dos llegan a un acuerdo. Usted quiere elegir a las personas que lo van a representar de una manera positiva y poderosa, permitiéndole obtener el máximo crecimiento de su conexión con dicho influencer.

Después de haberlos seguido durante unos días o una semana, tómese su tiempo para ver si realmente van a ser una buena opción para su negocio. Luego, si decide que lo son, puede comenzar el proceso de hacer contacto con ellos para ver si están interesados en hacer negocios con usted. Normalmente, un influencer profesional tendrá algún tipo de información disponible en sus plataformas sobre cómo debe ponerse en contacto con ellos si quiere hacer negocios con ellos. Si ve un punto de contacto, querrá utilizarlo para ponerse en contacto con el influencer y asegurarse de que usted se acerca a ellos de la manera que ellos prefieren. Una buena manera de mostrar su respeto es respetar la forma en que desean ser abordados, así que no se salte este primer paso crucial enviándoles un mensaje de cualquier otra manera. Si el influencer no tiene un punto de contacto establecido, siempre puede acercarse a ellos a través de sus mensajes privados para ver si quieren ofrecerle un punto de contacto para que se conecte con ellos. Este mensaje inicial debe ser breve, ya que todo lo que usted quiere hacer es presentarse a sí mismo y a su propósito de enviarles mensajes, y luego preguntarles si estarían interesados en seguir conectando para llegar a un posible acuerdo juntos. Si le responden, siga las instrucciones que le envíen para empezar a crear el trato que quiere crear con su influencer elegido.

Cuando empiece a entablar conversaciones con el influencer de su elección, asegúrese de ser profesional y cortés durante todo el proceso, ya que está participando en un acuerdo de negocios. Aunque ciertamente puede ser amigable, debe asegurarse de no empezar a actuar exclusivamente como amigos, ya que necesitará mantener el final profesional de esto para crear un acuerdo de negocios efectivo con el influencer. Si nunca ha trabajado con un influencer antes, puede beneficiarse preguntándole cuál es su enfoque típico para trabajar junto con las marcas, de modo que pueda tener una idea de cómo trabajan generalmente con los demás. Si dicen que depende de usted, entonces debe decidir qué quiere ofrecer al influencer, incluyendo qué productos o servicios le dará y qué comisión le pagará a cambio de su apoyo. La comisión suele estructurarse de una de estas tres maneras: les pagas por su puesto, les pagas por la venta que hagan, o les ofreces crédito de producto por la venta que hagan. Entienda que cuanto más profesional e influyente sea el influencer, más esperarán que se les pague por cada trato para asegurar que se les pague lo que merecen. Es necesario estar preparado para conocer al influencer en el lugar en que se encuentra u ofrecerse para volver a contactarlo más tarde cuando se cuente con mejores finanzas para apoyar la tarifa más alta que requieren.

Creando tratos con los influencers

Una vez que se haya acercado a un influencer con un acuerdo potencial y haya llegado a un punto de acuerdo en el que ambos estén listos para empezar a trabajar juntos oficialmente, deben darse algunos pasos importantes para asegurar que tanto usted como el influencer estén protegidos. La mayor clave aquí es asegurarse de que su acuerdo sea muy claro, que todos los aspectos se discutan y se acuerden, y que conviertan el acuerdo en un contrato de orden de trabajo oficial que ambos firmen. Tener un contrato oficial entre los dos asegura que ambos están protegidos, al obligarles legalmente a pagar los honorarios acordados y a el influencer a realizar los servicios de mercadeo acordados. Si alguno de ustedes no cumple, el otro puede retirarse del acuerdo, o mantener los términos que se hayan fijado en el mismo.

Hay muchos ejemplos de acuerdos disponibles en línea que usted puede utilizar para comenzar a elaborar contratos profesionales con influencers, de manera que pueda operar profesionalmente y proteger los intereses de ambos en el acuerdo. Encuentre el que mejor se adapte al acuerdo que ha hecho, asegúrese de que la información del acuerdo es relevante para usted y el influencer, y luego fírmelo y asegúrese de que ambos guarden una copia firmada.

Una vez que el acuerdo se haya creado, tiene que ponerse a trabajar para completar su parte del acuerdo. Esto puede significar el envío de un producto o el cumplimiento de un servicio para el influencer, de modo que pueda comenzar a revisar el producto o servicio en el momento acordado. Es importante que sea puntual con este cumplimiento para que el influencer pueda ponerse a trabajar en su acuerdo, no va a querer esperar por usted. De hecho, puede que incluso tengan una cláusula que establezca que son libres de retirarse del acuerdo si descubren que usted ha tardado demasiado en cumplir su parte del trato. De cualquier manera, para respetar a la persona influyente con la que está trabajando y proteger sus posibilidades de trabajar con ellos y con otros influencers en el futuro, es importante ser oportuno y profesional.

Después del cumplimiento de esta parte de su acuerdo, necesita asegurarse de que cumple con cualquier otro paso también. De nuevo, manténgase profesional y asegúrese de mantenerse al día con el influencer en todo momento para que la comunicación permanezca abierta. Cuanto más se mantengan en la misma página y se acerquen a su acuerdo juntos, más fluido será el cumplimiento del acuerdo y más fácil será para ustedes obtener sus beneficios del influencer. Además, cuanto más fácil sea trabajar con usted, más probable es que el influencer quiera volver a trabajar con usted, o recomendarle a otros influencers que puedan estar interesados en trabajar con su marca. Recuerde: está trabajando con alguien que está literalmente contratado para reseñarlo profesionalmente, por lo que debe comportarse de la mejor manera posible para que pueda ser reseñado positivamente.

Capítulo 4: Facebook e Instagram

Aprovechar a los influencer de Instagram es una manera poderosa de ponerse delante de su público objetivo, pero si realmente quiere causar un gran impacto, también va a querer desarrollar su propia plataforma para que la gente que le encuentre a través de un influencer pueda seguirle por su cuenta. Idealmente, esto le ayudará a construir una presencia significativa para que pueda dejar de movilizar a los influencers con tanta frecuencia, o en su lugar usarlos para escalar sus ganancias existentes para que pueda crecer aún más. Desarrollar su presencia en línea también añadirá cierta credibilidad a su marca, ya que la gente tiende a confiar más en los que tienen una presencia establecida que en los que no la tienen en absoluto. En este capítulo, aprenderá cómo puede desarrollar una fuerte presencia en Facebook e Instagram para que pueda tener una plataforma disponible para que su público la vea cuando empiece a descubrir su marca.

¿Por qué desarrollar Facebook e Instagram juntos?

Facebook e Instagram están interconectados, ya que Facebook compró Instagram en 2013 y ha estado desarrollando las dos plataformas juntas desde entonces. Cuando se construye una presencia profesional en una de estas plataformas, siempre vale la pena tener una en la otra plataforma también para que se puedan combinar los esfuerzos de ambas plataformas y desarrollar su presencia aún más. Típicamente, la mayoría de las marcas favorecerá una plataforma sobre la otra, aunque tenderán a ver los beneficios positivos de tener ambas plataformas en acción.

Cuando decida lanzar una cuenta de negocios de Instagram, se le pedirá que tenga una página de negocios en Facebook para enlazarla, de modo que Instagram pueda obtener información sobre su negocio desde la plataforma de Facebook. Si aún no tiene una página empresarial en Facebook, se le pedirá que cree una cuando decida convertir su página Instagram en una página empresarial. Si desea desarrollar una presencia profesional y ampliar su alcance, va a querer tener un perfil de empresa tanto en Facebook como en Instagram, ya que los perfiles de empresa ofrecen mucho apoyo adicional más allá de los perfiles básicos.

En Facebook, una página de negocios le permite crear un perfil completo y detallado de su negocio que proporciona a su audiencia potencial mucha información sobre su negocio. Su página puede incluir información como el nombre y la ubicación de su negocio, las formas de contactarlo, cómo se fundó su negocio y qué es lo que ofrece. También puede ofrecer características únicas como la posibilidad de compartir contenido de vídeo, una plataforma de venta para que pueda vender productos directamente desde Facebook y una pestaña de servicios que muestra a tus visitantes los servicios que ofrece. Puede utilizar tantas de estas características como considere oportuno para su negocio, para poder acceder a más formas de servir a su público directamente desde el propio Facebook. Aunque esta no sea su plataforma principal, el hecho de tener todas estas características rellenadas y disponibles es una gran oportunidad para hacer crecer su plataforma aún más.

Más allá de la complejidad de los detalles disponibles en Facebook, también puede usar Facebook para desarrollar anuncios pagados para ambas plataformas. Facebook es el lugar donde se alojan los anuncios de pago de Facebook e Instagram, por lo que puede utilizar su cuenta de empresa para crear un gestor de anuncios y luego aprovechar esos anuncios para ayudarle a empezar a desarrollar una audiencia aún mayor en ambas plataformas. Si desea anunciar productos, servicios, ventas, lanzamientos especiales o cualquier otra cosa, es importante tener una cuenta empresarial en Facebook con un administrador de anuncios.

Instagram ofrece otra gran opción de perfil de negocios que es típicamente más interactiva y social para la mayoría de la gente. Instagram tiende a ser el lugar donde los seguidores tienen más probabilidades de interactuar, y también es conocido por ser más fácil de atraer nuevos seguidores debido al uso de hashtags y geotags. Además, el público de Instagram es generalmente más receptivo a las marcas personales y a menudo será más probable que le descubran y le muestren su apoyo como marca personal. Con un perfil empresarial, Instagram funcionará prácticamente de la misma manera que los perfiles personales, excepto que también permiten la oportunidad de ver la analítica de su perfil. Por lo tanto, usted será capaz de rastrear cuánta gente está prestando atención a sus mensajes, historias y acciones de IGTV para que pueda comenzar a identificar qué contenido le gusta más a su audiencia y qué no le gusta tanto. De esta forma, sabrá qué puede crear más y cómo puede seguir sirviendo a su audiencia.

Instagram también es beneficioso, ya que ofrece la oportunidad de compartir sus publicaciones de Instagram en su página de negocios en Facebook, lo que significa que puede gestionar gran parte de su mercadeo orgánico en Facebook desde su página de Instagram. A medida que construya una presencia en línea, es probable que encuentre que esta integración es valiosa, ya que funciona como un ahorro de tiempo para darle un montón de contenido sin tener que crear tanto. Como resultado, Facebook e Instagram trabajan muy bien juntos para manejar tanto el mercadeo pagado como el orgánico de ida y vuelta, facilitando el desarrollo de ambas plataformas al mismo tiempo y con un mínimo de esfuerzos.

Aunque se podría considerar operar solo una u otra, no tiene sentido en el mundo moderno. Los estudios realizados en 2018 mostraron que al menos el 75 por ciento de los millennials revisan ya sea Facebook o Instagram para tratar de encontrar un negocio en línea, ya que así es como pueden ver la popularidad y la reputación del negocio. Si no pueden encontrar un negocio en cualquiera de estas plataformas, típicamente, no harán negocios con dicha empresa porque sienten que esto minimiza su credibilidad.

Desarrolle una página de negocios en Facebook

El desarrollo de una página de negocios en Facebook es bastante simple, todo lo que necesita hacer es ir a la función "Crear una página" en el menú de acción del lado izquierdo de su escritorio y luego comenzar el proceso de creación. Primero, se le guiará a través del proceso de elegir el nombre de su página, que, idealmente, debería ser el nombre de su empresa. Luego, también querrá crear una imagen de perfil y una imagen de encabezado para su página. Dado que se trata de su página profesional, elija una imagen de perfil profesional y una imagen de encabezamiento que sea relevante para su marca y que refleje su negocio positivamente de una manera u otra.

A partir de este momento, usted puede utilizar todos los siguientes consejos para optimizar su página de Facebook, tanto si ya tiene una como si no. Por lo tanto, si usted está empezando, utilice esta guía para desarrollar su página, y si usted ha tenido su página por un tiempo, utilice esta guía para asegurarse de que su página está optimizada para su marca única.

Personalice su nombre de usuario

Cada página tiene un nombre de usuario, y usted va a querer crear uno para su página también. Debe establecer su nombre de usuario en uno que sea el mismo que utiliza en otras plataformas para que pueda ser encontrado fácilmente en Facebook también. La gente podrá entonces buscar su nombre de usuario en la barra de búsqueda de Facebook y encontrarlo allí.

Cree un llamado a la acción

En Facebook, hay una función de llamada a la acción que puede utilizar en su página, que le permite animar a la gente a participar en una cierta actividad en su página. Por ejemplo, puede tener un botón de "Registrarse" o "Mensaje". Quiere aprovechar esta llamada a la acción, ya que incita a la gente a seguir participando en su negocio cuando llegan a su página. Puede utilizar cualquier función de botón que crea que le ayudará a convertir más seguidores en clientes a través de Facebook.

Personalice sus pestañas de página

En Facebook, las pestañas son características de una página que le permiten compartir información específica con su público. Puede usar las pestañas que más se adapten a su formato empresarial, desde las funciones de compra en línea hasta las pestañas de revisión o incluso las pestañas de vídeo. Facebook tiene muchas pestañas incorporadas que puede usar y personalizar para ofrecer una experiencia más enriquecedora a su público. También hay creadores de pestañas personalizadas que puedes usar y que le permiten crear pestañas personalizadas que luego puede "agregar" a su página de Facebook para que su público pueda tener una experiencia aún más personalizada con su marca. Si no es experto en tecnología, pero tiene una idea para una pestaña personalizada, siempre puede considerar la posibilidad de contratar a alguien de Fiverr para que le ayude a generar su pestaña.

Todas las páginas de Facebook vienen con algunas pestañas estándar ya activadas, por lo que, mientras usted está personalizando las características de su pestaña, no tenga miedo de desactivar las que no está usando. Si tiene activadas las pestañas que no está usando, puede hacer que su página se vea incompleta, por lo que debe ocultarlas desactivando estos estilos de pestañas.

Categorice su página apropiadamente

Cada página de Facebook puede ser colocada en una categoría específica que les dirá a los seguidores qué tipo de página están siguiendo. Debe asegurarse de categorizar su página correctamente para que la gente tenga claro lo que es y lo que tiene para ofrecer. Además, si conecta su página de Facebook con su página de Instagram, su categoría se mostrará en Instagram para que pueda utilizarla como una herramienta adicional en Instagram para mostrar inmediatamente a la gente quién y qué es usted.

Aproveche el contenido del influencer

Cuando se trata de desarrollar su plataforma en Facebook, puede aprovechar el contenido de influencers que ha generado de influencers en otros lugares. Por ejemplo, si un influencer publica una imagen que muestra sus productos en Instagram, puede compartir esa imagen con su página de Facebook y etiquetar a la persona influyente en ella, y luego animar a la gente a que se dirija a su página de Instagram para obtener un código de promoción personalizado para su página. Esta es una excelente manera de promocionar a los influencers, de sacar el máximo provecho de su trabajo en conjunto, y también de hacer que sea más agradable y valioso trabajar con ellos para que, con el tiempo, las personas influyentes quieran trabajar con usted aún más.

Además de los acuerdos que haya alcanzado con personas influyentes, puede utilizar el contenido generado por el usuario para ayudarle a comenzar a promocionar sus productos o servicios también. Por ejemplo, si uno de sus seguidores comparte una imagen de ellos usando sus productos o servicios, puede compartir esa imagen en su página de Facebook y etiquetarlos. Esta es una excelente manera de ponerse al frente de su público mientras los comparte con el suyo, y así aumentar su alcance. El contenido generado por el usuario es una categoría de contenido muy popular en las páginas de negocios, así que no sea tímido a la hora de utilizar este tipo de contenido. Si logra que la gente tenga una imagen maravillosa y un número de seguidores bastante significativo, puede ser una gran oportunidad para que usted se acerque aún más a su público y cree un sentido de comunidad entre su marca y sus clientes.

Creando contenido orgánico

En Facebook, puede desarrollar contenido orgánico de la manera que quiera. Puede hacerlo simplemente compartiendo las actualizaciones de Instagram en Facebook, o puede empezar a crear contenido para el propio Facebook. La mayoría de las marcas harán ambas cosas, aunque algunas que no prefieren la plataforma de Facebook pueden adherirse exclusivamente a Instagram y dejar que su contenido de Instagram lleve su página de Facebook.

Si usted desea crear contenido específicamente para Facebook, hay un montón de estilos de contenido que puede crear para la plataforma. Un tipo de contenido que puede crear son actualizaciones de estado reales, de entre 150 y 500 caracteres, con información relevante para su industria o negocio. Si usted decide crear actualizaciones de estado, a menos que sean extremadamente cortas, debe incluir una imagen con ellas, ya que la publicidad visual tiende a ser cada vez más frecuente cada año, lo que significa que la inclusión de imágenes hace más probable que su contenido sea visto. También puede compartir imágenes sin actualizaciones de estado, o con actualizaciones de estado mínimas. A menudo, las empresas lo hacen mediante citas o memes que se utilizan para ofrecer a su público algo entretenido o inspirador, y relevante para su nicho. Otra gran forma de compartir son los videos, ya sea que los que usted ha hecho o los que ha disfrutado y encuentra relevantes, ya que la comercialización de videos también es una tendencia. Muchas empresas están utilizando las funciones de los vídeos en directo como una forma de compartir momentos exclusivos con su público, de modo que puedan empezar a desarrollar relaciones positivas con su público. Además, puede compartir las publicaciones de otras personas, otros sitios web o prácticamente cualquier otra cosa que considere interesante y relevante para su público.

Si decide compartir contenido de otros, asegúrese de mantener este contenido en un 40 por ciento o menos del contenido total que comparte. Dado que es una marca personal, desea mantener la mayor parte de su contenido orgánico y creado personalmente para evitar dirigir todo el tráfico que tanto le ha costado ganar a las plataformas de otras personas. Si comparte demasiado contenido de otras personas, es posible que piensen que estas personas son más interesantes y que usted es simplemente un lugar al que pueden acudir para aprender sobre otras marcas. En otras palabras, puede alejar el tráfico de usted y perder la calidad de su audiencia, y minimizar sus conversiones personales.

Aprovechando los anuncios de Facebook

Facebook es la plataforma a la que usted acudirá cuando quiera crear anuncios pagados, ya sea que planee publicarlos en Facebook, en Instagram o en ambos. La cuenta del administrador de anuncios de Facebook ofrece una oportunidad en profundidad para que cree todo el frente y el fondo de sus anuncios, permitiéndole controlar todo, desde cómo se ven hasta quién los ve y cuánto le cuestan.

Lo ideal es establecer una audiencia orgánica saludable antes de comenzar a pagar por sus anuncios, ya que quiere asegurarse de que la audiencia a la que está comercializando va a ser realmente la audiencia con más probabilidades de comprarle. De esa manera, no se paga por hacer publicidad a un segmento de la industria que no va a terminar pagando nada. Puede establecer fácilmente una audiencia orgánica saludable en un plazo de tres a seis meses y luego comenzar a utilizar el análisis de esa audiencia para introducir información demográfica en su administrador de anuncios, de modo que pueda anunciarse a su audiencia de manera eficaz.

Una vez que usted ha establecido su audiencia, la ejecución de los anuncios en Facebook es simple. Comenzará yendo a su página de negocios y luego tocando la pestaña "Promocionar" en la parte superior de la página. Esto le llevará a una página donde puede acceder a "Administrador de anuncios", que luego le llevará al propio administrador de anuncios. Allí, podrá hacer clic en "Nuevo anuncio" y comenzar a crear el nuevo anuncio que desea comenzar a promocionar.

Comenzará eligiendo el tipo de anuncio que quiere crear, y luego el objetivo. Facebook ofrece muchos objetivos que usted puede elegir, así que considere cuál es su objetivo con su anuncio y luego elija un objetivo que sea respectivo a ese objetivo. Una vez haya elegido, puede comenzar a seguir los siguientes pasos, como definir quién es su público, dónde se colocará su anuncio y cuál será su presupuesto. También puede establecer el calendario de cuánto tiempo va a durar su anuncio, y cuánto quiere pagar por día o por impresión. A continuación, desea comenzar a crear el diseño de su anuncio eligiendo qué imagen desea que se asocie con el anuncio, qué palabras va a utilizar y qué desea que la gente haga cuando vea su anuncio. En su anuncio aparecerá un botón de llamada a la acción que anima a la gente a hacer algo como "comprar", "registrarse" u "obtener más información".

Una vez que haya configurado todos estos elementos de su anuncio, puede seguir adelante y hacer clic en "Confirmar". Facebook entonces ejecutará su anuncio a través de un programa que asegura que su página no comparte ningún lenguaje vulgar o fotografía inapropiada. De esta manera, pueden asegurarse de que Facebook se mantenga amigable con la familia y que no esté violando ningún término de acuerdo en su plataforma. Una vez que hayan aprobado su anuncio como apropiado para la plataforma, comenzarán a ejecutarlo. Esto normalmente solo lleva de unos pocos minutos hasta un par de horas.

Un estilo promocional alternativo que puede usar en Facebook se conoce como "publicaciones potenciadas". Estos son simples: todo lo que hace es ir a un post que le gustaría promocionar, tocar "Boost Post" y luego seguir las indicaciones en la pantalla. Usted tendrá la oportunidad de identificar su audiencia, establecer su presupuesto, y luego establecer su calendario para el tiempo que desea promover la publicación. Este tipo de promociones son excelentes si tiene una publicación que está funcionando bien y que le gustaría ver que funcione aún mejor o que atraiga a nuevos miembros de su público para que más personas conozcan su marca. Lo ideal es que use una mezcla entre las promociones y las publicaciones potenciadas para que pueda comenzar a difundir su página aún más, lo que le permitirá crecer más consistentemente en Facebook.

Desarrollando una página de negocios de Instagram

El desarrollo de una página empresarial de Instagram es significativamente más fácil que el desarrollo de una página empresarial en Facebook, ya que Instagram ofrece muchas menos funciones personalizables para que usted las ajuste en su plataforma. Aunque esto significa que sus seguidores no tendrán tanta información como sus seguidores de Facebook, también significa que configurar su perfil es mucho más fácil. Puede configurar un perfil de Instagram desde su teléfono móvil en solo unos minutos y tenerlo completamente convertido en marca y listo para ser compartido con su público.

Si ya tiene una página Instagram, puede utilizar esta guía para ayudarle a optimizar su página para que tenga la marca adecuada para usted y su público. Si aún no tiene una página de Instagram, siga estos pasos para configurar la suya. Sin embargo, antes de hacerlo, entre en la configuración de su perfil de Instagram y pulse "Cambiar a una cuenta comercial" para que pueda conectar su perfil de Instagram a una página comercial de Facebook y empezar a acceder a todas las funciones comerciales de Instagram.

Convertir su página de Instagram en una marca tiene cinco pasos: la imagen de su perfil, su nombre de usuario, su biografía, su sitio web y lo más destacado de su historia. También usará su propia fuente de noticias, pero eso se detalla en la siguiente sección. Mientras tanto, a continuación, puede encontrar información sobre cómo todas las características mencionadas anteriormente pueden ser marcadas para mejorar la calidad de su cuenta.

Imagen de perfil

Su imagen de perfil debe ser algo atractivo, claro y minimalista cuando se trata de Instagram. Tener una imagen de perfil poco clara, cualquier tipo de filtro en ella, o demasiados detalles en ella, resultará en que su imagen de perfil sea confusa para su audiencia. En Instagram, las imágenes de perfil son pequeñas y no pueden ser ampliadas o agrandadas, por lo que debe tenerlo en cuenta y elegir algo profesional, limpio y fácil de entender. Si usted es una marca personal, esta debe ser una imagen de su rostro que refleje bien su marca; de lo contrario, podría considerar el uso de un logotipo o una imagen limpia de su producto. Evite usar imágenes de archivo o cualquier otra cosa de este tipo, ya que esto puede hacer que su perfil tenga una sensación falsa o inauténtica.

Nombre de usuario

Su nombre de usuario debe ser fácil de recordar, representativo de la marca y claro. Tener un nombre de usuario que no es claro o fácil de deletrear puede hacer que su audiencia se pregunte quién es usted, que le sea difícil encontrarlo de nuevo, o que piense que no es auténtico. Debe mantener su nombre de usuario igual al que pueda estar usando para su marca en cualquier otro lugar en línea, ya que mantener todas sus plataformas conectadas al mismo nombre de usuario hace que descubrirlo en línea sea significativamente más fácil.

Biografía

En Instagram, usted tiene una corta biografía de 150 caracteres que puede usar para describir su marca y animar a la gente a seguirle. Debe usar esta biografía de manera efectiva para asegurarse de que está dando a su público una clara descripción de quién es usted y lo que pueden esperar al seguirle. Su biografía no tiene que ser grande o compleja. Algunas compañías usan algo simple como "Velas de cera de soja de combustión limpia". Otros usan algo más personal, como "24/Géminis/Viaje/Juego". Querrá crear algo que resuene con usted, que le diga a su público qué esperar al seguirle y que les dé una idea de lo que necesitan para engancharse.

Si no está seguro de cómo puede crear su biografía, siempre puede mirar otras marcas personales y tener una idea de lo que han creado. A veces, ver las biografías de otras personas puede inspirarle a crear la suya propia para que diseñe una que sea realmente interesante y atractiva. Dicho esto, no copie directamente la biografía de otra persona, ya que esto puede quitarle su propia autenticidad y credibilidad y dar lugar a que la gente no quiera seguirle más.

Página web

Instagram le permite vincular su sitio web a su perfil, así que debe aprovecharse de eso. Puede utilizar este enlace de varias maneras, como las siguientes:

- Enlace a su página de inicio en su sitio web
- Enlace a su oferta especial actual
- Enlace a otra plataforma popular que utilice (como YouTube o Podcasts)
- Enlace con una página de destino como Link Tree para que usted pueda guiar a la gente a varias plataformas (es decir, una página de aterrizaje que lleve a la gente a YouTube, su sitio web, su último especial, etc.)

Lo más destacado de la historia

En Instagram, una gran característica de la marca que se puede aprovechar son los puntos destacados de la historia. Los puntos destacados de la historia pueden ser usados simplemente escogiendo una historia que le guste y luego categorizándola como un punto destacado en su página. Muchas marcas utilizan los puntos destacados de las historias para ofrecer información divertida a largo plazo para su público, de modo que este pueda tener una idea más personalizada de a quién está siguiendo. Por ejemplo, un artista de maquillaje podría usar una pestaña de resaltado de la historia para compartir estilos y otra para compartir tutoriales. Un entrenador de salud podría utilizar los puntos destacados de la historia para compartir ciertas rutinas de ejercicios, consejos de salud y recetas sencillas o inspiración alimenticia para que las personas las utilicen. Un bloguero de viajes podría tener un punto destacado de la historia diferente para algunos de sus viajes favoritos para que puedan compartir sus experiencias. Puede personalizar los puntos destacados de su historia como quiera y aprovecharlos para el crecimiento de su marca. La clave principal aquí es que usted los aproveche y comparta regularmente para que su audiencia pueda hojear sus puntos destacados y consumir aún más de usted cuando encuentren su página. Hoy en día, a los seguidores les encanta consumir contenido de las personas que aman, por lo que tener mucho contenido para que un nuevo seguidor entusiasta lo consuma, esto puede ayudarles a establecer un recuerdo de usted en su mente para que lo recuerden y presten atención con más frecuencia.

Aproveche el mercadeo orgánico de Instagram

El desarrollo de contenido de marketing orgánico en Instagram es una gran manera de crear contenido que puede beneficiar tanto a su página de Instagram como a la de Facebook, por lo que es una buena idea aprender a crear contenido orgánico para Instagram. Puede crear contenido orgánico en Instagram para tres lugares diferentes: su feed de noticias, feed de historias o feed de IGTV. A continuación, encontrará información sobre cómo crear contenido orgánico para estas tres áreas de Instagram, ¡lo que le permitirá aprovechar al máximo las ventajas de Instagram y sus numerosas funciones para compartir! También aprenderá acerca de los hashtags, que son una herramienta esencial para ser descubierto por su público objetivo.

Noticias

Su fuente de noticias puede ser usada para el mercadeo orgánico compartiendo imágenes o video clips de un minuto en su página. Cuando comparta en Instagram, es una buena idea asegurarse de que todas sus imágenes tengan una estética similar de marca para que su fuente de noticias se desarrolle de una manera atractiva y bien estructurada. No es conveniente crear un feed que tenga demasiados colores, temas o filtros diferentes, ya que esto puede crear una estética que no sea visualmente atractiva, minimizando así su seguimiento. En su lugar, puede beneficiarse de la creación de una tabla de visión ya sea a través de las imágenes guardadas de Instagram guardando imágenes de sus seguidores favoritos y diseñando una estética de esa manera, o creando una tabla de estado de ánimo en Pinterest. Una vez que haya creado su tabla de estados de ánimo, asegúrese de que todo lo que comparta sea relevante para esa tabla de estados de ánimo y que continúe desarrollando esa estética a través de cada nuevo gráfico y vídeo. Esto creará un feed de marca que atraerá a nuevos seguidores que quieran seguir su página y prestar atención, porque crea una atracción dentro de ellos hacia su marca.

Feed de historia

El feed de historias puede ser un poco más flexible, ya que no es necesario mantener todos los filtros y colores iguales en el feed de historias. Aunque todavía quiere que el tema y el propósito de sus historias sean claros y directos, tener una alimentación de historias más flexible y abierta al libre intercambio es una gran manera de crear una conexión más personal con su audiencia. Cuando su público se acostumbra a ver su cara y a seguir sus aventuras diarias en el feed de su historia, empiezan a sentir que son parte de su mundo. Como resultado, desarrollan una relación con usted que les permite sentirse conectados con usted, lo que crea una lealtad a la marca, y aumenta sus posibilidades de convertir a su público en clientes de pago.

También puede usar sus historias para compartir un video en vivo, lo cual puede ser una gran oportunidad para que tenga interacciones aún más personales con su audiencia. En 2019, una gran tendencia es compartir un flujo de vídeo en directo con usted y un amigo que pertenezca a la misma industria que usted para que pueda hablar de ida y vuelta y disfrutar del vídeo en directo compartido. Esta puede ser una gran oportunidad para que usted discuta la información con su audiencia, comparta una experiencia más personal con su amigo y su audiencia, y ayude a su audiencia a sentirse como si fuera parte de su círculo íntimo. En esta llamada en directo, o si usted elige hacer una usted solo, puede simplemente hablar de cosas relacionadas con su industria que usted siente que serán interesantes para su público.

IGTV

La televisión Instagram, o IGTV, es una plataforma que puede usar para compartir aún más con su audiencia. En la IGTV puede compartir hasta diez minutos de video pregrabado con su audiencia de la manera que quiera. Esta parte de la plataforma funciona de manera similar a YouTube, excepto que los vídeos se graban en modo retrato en lugar de en modo paisaje, por lo que son más accesibles para los usuarios de móviles.

Las marcas están usando la IGTV para muchas cosas diferentes, desde propósitos educativos hasta para proporcionar entretenimiento a sus audiencias. Algunos ejemplos excelentes son los tutoriales compartidos, como por ejemplo cómo aplicar el maquillaje o cómo hacer una determinada receta, o los vídeos informativos, como por ejemplo proporcionar determinados consejos o conocimientos a su público a través del cine. También puede ir a la IGTV para simplemente chatear y compartir actualizaciones con su público, como un vlog en vivo, ya que esto puede crear una experiencia personal para que su público también disfrute.

Hashtags

Los hashtags son una parte necesaria de la experiencia de Instagram cuando se trata de hacer crecer su audiencia en Instagram. Los hashtags son herramientas que la gente utiliza para buscar nuevos contenidos que les interesan, y son herramientas que las publicaciones utilizan para ser identificadas por las personas que buscan estos mismos hashtags. Desea utilizar hashtags en cada imagen que comparte, pero quiere utilizarlos correctamente para asegurarse de que le encuentra el público adecuado.

La forma más fácil de encontrar nuevos hashtags es buscar regularmente su industria en Instagram y ver qué hashtags similares y de tendencia están surgiendo para tener una idea de lo que su público está mirando de forma consistente. De esta manera, usted puede encontrar todos los hashtags que son relevantes para su industria y que pueden ser utilizados en sus fotografías. Puede usar hasta 30 hashtags por fotografía, así que no tenga miedo de pasar y poner tantos hashtags diferentes como quiera en sus fotografías para que pueda ser encontrado por tantas personas como sea posible. Puede empezar fácilmente a guardar los hashtags potenciales en una lista en su teléfono y luego acceder a ellos en cualquier momento que desee compartir nuevos contenidos con su público para poder elegir los hashtags relevantes a utilizar. Actualizar su lista con regularidad para asegurarse de que sigue siendo una tendencia.

También puede usar hashtags en sus historias, aunque no debe usar más de uno o dos por historia para evitar ser considerado como correo basura. Los propios hashtags pueden seguirse en Instagram, y cada uno de ellos tiene un feed de historias de tendencia, por lo que el uso de hashtags le da la posibilidad de ser encontrado y observado por nuevos seguidores potenciales. Cuando use hashtags, asegúrese de hacer clic en la etiqueta que aparece para que su historia se asocie realmente con el hashtag. Sabrá que está completa cuando la etiqueta de hashtag esté subrayada, demostrando que ha sido vinculada al feed del hashtag.

Capítulo 5: Mercadeo en Twitter

Twitter es una herramienta increíblemente poderosa para la comercialización de influencers, así como muchas otras técnicas de marketing. Si ya usted está en Twitter, convertir en marca su perfil de manera efectiva y aprender cómo aprovechar los influencers en la plataforma es una manera maravillosa para que usted comience a crecer en su próximo nivel de negocio. En este capítulo, usted va a explorar cómo puede aprovechar Twitter para hacer crecer su negocio, aumentar su audiencia y alcanzar la siguiente fase de crecimiento para usted y su marca. Si aún no está en Twitter, el uso de este capítulo puede ayudarlo a comenzar para que pueda aprovechar esta herramienta y hacer crecer su negocio en otra gran plataforma.

Haciendo de su perfil de Twitter una marca

Hacer de su perfil de Twitter una marca de manera efectiva es una manera importante de asegurarse de que está creando un perfil que realmente atraiga a su público objetivo. Cuando se trata de desarrollar su alcance en Twitter, un perfil bien desarrollado tiene un aspecto más limpio y completo, lo que significa que las personas se detendrán y lo mirarán por más tiempo, posiblemente incluso siguiéndole e interactuando con su contenido. Cuando desarrolle su perfil, es importante crear con su audiencia en mente para que puedan tener una idea de quién es usted y qué está creando. En Twitter, un estudio mostró que más del 80 por ciento de las personas que ingresan a su perfil también revisan su enlace, lo que significa que esta es una gran conversión que puede aprovechar si aprovecha su perfil de manera efectiva.

Hay seis formas en que puede marcar su perfil de Twitter de manera efectiva para que su audiencia obtenga una experiencia completa al aterrizar en su perfil. Estas cinco herramientas de marca son avanzadas, por lo tanto, ya sea que sea nuevo o antiguo en la plataforma, leer estos consejos lo ayudará a aprovechar su plataforma y hacerla aún más fuerte.

Rellene su perfil completo

Con su marca en mente, asegúrese de completar todo su perfil de Twitter de una manera que refleje claramente su marca. Puede hacer esto asegurándose de que su nombre de usuario esté en la marca, su biografía esté completa y que haya completado la información de su sitio web en su perfil. También puede actualizar su imagen de perfil con una imagen de marca, una imagen de encabezado y una imagen de fondo de tamaño adecuado. Estos tres elementos le permiten crear una estética gráfica que está en la marca, haciendo que su cuenta sea aún más personalizada y agradable. También debe colocar la información de su ciudad o pueblo en su perfil para que las personas sepan dónde se encuentra su negocio, incluso si usted representa un negocio remoto para que pueda darles a las personas una idea de dónde se encuentra. Saber dónde se encuentra ayuda a las personas a sentirse más seguras de que usted es una persona real con una ubicación, y que no es un estafador ubicado en el extranjero que intenta obtener dinero de las personas. Básicamente, agrega otra capa a su personalidad en línea.

A medida que completa todo, asegúrese de que todo se une y crea una estética atractiva para que su perfil sea visualmente agradable para pasar el tiempo. Desea que su perfil parezca atractivo para que cuando la gente aterrice en él, sientan curiosidad al instante por saber más porque ahora ha creado interés visual. Incluso puede aumentar su interés visual creando gráficos de marca personalizados para su página y cambiándolos cada temporada, asegurando que su página mantenga una sensación fresca y atractiva. Algunas marcas incluso ajustarán su imagen de encabezado cada mes o cada dos meses a medida que cambien sus especiales para que su encabezado se comporte como una herramienta promocional para su marca.

Siga a las personas adecuadas

En Twitter, seguir a las personas adecuadas es una herramienta imprescindible para ayudarlo a generar compromiso y dar a conocer su nombre. Cuando usted sigue a las personas adecuadas, desarrolla un grupo de personas con las que puede interactuar, para que empiecen a ver quién es usted. A medida que lo hagan, comenzarán a seguirlo, dándole un seguimiento que le ayudará a comenzar, ya que estas son las personas que comenzarán a interactuar con sus publicaciones a medida que usted comience a publicarlas. Al principio, invertir realmente en el proceso de interacción de ida y vuelta es importante para ayudar a desarrollar la tracción en su página, así que asegúrese de pasar mucho tiempo siguiendo a las personas y luego interactuando con las personas que está siguiendo. Mientras lo hace, sea auténtico al compartir para asegurarse de que no parezca falso o simplemente intente utilizar este compromiso para crecer. Aunque esa es parte de la razón, también debe existir la intención de que realmente desee conectarse con estas personas y hacer crecer su plataforma.

Otra forma de usar a las personas que siguen como herramienta es a través del reconocimiento de que, al seguir a las personas en su industria, en realidad está convirtiendo su alimentación en investigación de mercado. Cuando sigue a todas las personas adecuadas, como las personas a las que admira y las personas que forman parte de su público objetivo, puede ver cómo está creciendo su industria y qué tendencias hay en su industria. De esta manera, puede comenzar a utilizar la información para desarrollar su contenido y mantenerse en tendencia en su industria.

Tweet

Antes de comenzar a tuitear, hay una regla muy importante que debe aclararse: *Twitter no es su cartelera electrónica*. Su objetivo cuando ingresa a Twitter no es comenzar a derribar su muro con información y asumir que todos verán lo que ha compartido y comenzarán a interactuar con usted. No, Twitter tiene menos que ver con las actualizaciones de estado y más con el fomento de la interacción y el compromiso con su audiencia. Debe asegurarse de que cada actualización que realice no promocione a su empresa, ya que esto se considerará egoísta y no deseado. En su lugar, haga que cada cuarto tweet sea promocional, y todos los demás en el medio sobre interactuar con su audiencia y comenzar conversaciones.

Además de obtener sus proporciones correctas, también debe asegurarse de que lo que está twitteando y cómo lo está twitteando es relevante para su audiencia. Desea usar palabras clave que sean relevantes para su industria para que cuando las personas busquen estas palabras clave, sus tweets comiencen a aparecer. También debe prestar atención a las tendencias de palabras clave en su industria para poder utilizarlas y aumentar así sus posibilidades de ser encontrado en Twitter. Aparte de eso, asegúrese de estar usando su personalidad y su voz personal en Twitter para que las personas puedan distinguirlo de la multitud. ¡Descubrirá más sobre cómo puede usar su personalidad en Twitter más adelante en este mismo capítulo!

Optimizar para dispositivos móviles

Twitter se usa a menudo en una computadora de escritorio, pero también tiene una aplicación móvil muy popular, lo que significa que también debe estar pensando en sus usuarios móviles. En la actualidad, no hay nada más frustrante que un negocio que irrumpe en el espacio en línea y se abstiene de desarrollar cualquier forma de optimización móvil. Hace que el negocio se vea incompleto y desactualizado, ya que cada vez más personas cambian a dispositivos móviles a medida que los navegadores móviles y las aplicaciones continúan creciendo en popularidad con cada año que pasa.

Afortunadamente para usted, la aplicación de Twitter ya está optimizada para dispositivos móviles, por lo que no hay mucho que deba hacer para optimizar su perfil para la aplicación móvil. Lo principal a lo que debe prestar atención son sus gráficos, ya que los gráficos pueden aparecer de manera diferente en un navegador móvil. Siempre eche un vistazo para asegurarse de que no está utilizando una fuente o imágenes excesivamente pequeñas con detalles demasiado complejos que no son tan fácilmente visibles en dispositivos móviles, ya que esto puede hacer que su perfil sea frustrante para navegar en dispositivos móviles. Siempre asegúrese de que cada vez que actualice sus imágenes, eche un vistazo a cómo se ven en una configuración móvil para que esté seguro de que lo que su audiencia está viendo es profesional y fácil de ver.

Integre Twitter en otros lugares

Por último, una cuenta de Twitter bien convertida en marca y bien establecida debe integrarse en otro lugar más allá del propio Twitter. Asegúrese de agregar botones de seguimiento en su sitio web, en sus correos electrónicos y en cualquier otro lugar donde se puedan agregar botones de seguimiento de Twitter para que cada vez que alguien se encuentre con usted en línea, también encuentre su Twitter. Si ejecuta un blog, una integración particularmente poderosa es usar un complemento que le permita presentar tweets relevantes en sus publicaciones de blog para que las personas que están en Twitter puedan re-tuitear sus tweets relevantes. De esta manera, no solo pueden re-tuitearlo y ponerlo frente a su audiencia, sino que también pueden seguirlo y comenzar a consumir aún más su contenido a través de Twitter, ¡lo que lo convierte en una situación beneficiosa para todos!

La importancia de su personalidad

Cuando se trata de crear una marca en cualquier lugar en línea, es imperativo que su personalidad sea claramente visible para el mundo exterior. No hay nada peor que encontrar una marca bien diseñada y bien posicionada solo para descubrir que carece de una verdadera originalidad, haciéndola sonar como cualquier otra marca que está tratando de crecer en el espacio en línea. Hacer que su personalidad sea parte de su mensaje y ser auténtico es una parte importante para que su mensaje salga a la luz y crezca como marca personal.

Este mensaje se aplica no solo a Twitter, sino a todas las estrategias de marca personal: si tiene demasiado miedo de hablar y ser usted mismo, tendrá dificultades para ser escuchado por cualquiera que le importe. Internet está lleno de personas que temen ser originales porque tienen miedo de ser rechazadas o detestadas por las personas que las rodean. Puede ser aterrador pensar en lo que podría suceder si se presenta de manera personal y luego descubre que no es bien recibido, en muchos niveles. Aun así, superar este miedo y exponerse en lo que respecta a su marca es necesario si quiere ser escuchado y desarrollarse como una marca personal. Debe estar dispuesto a compartir su originalidad y mostrarle a la gente su lado auténtico que lo hace diferente de la multitud.

En Twitter específicamente, no tenga miedo de tuitear con humor y compartir sus pensamientos reales en relación con todo lo que sucede en el mundo. Hable sobre lo que piensa, comparta sus opiniones reales y no tenga miedo de ser el verdadero yo. Cuanto más comparta su personalidad auténtica, más personas que estén buscando a alguien como usted, lo encontrarán y comenzarán a prestar atención a lo que estás diciendo. Como resultado, se sentirá mucho más recibido por su audiencia porque realmente pueden encontrarlo.

A medida que continúe compartiendo de esta manera más auténtica, también comenzará a descubrir qué tipos de conversaciones disfruta su audiencia para que sepa de qué hablarles. De esta manera, puede iniciar muchas conversaciones enriquecedoras a través de sus publicaciones, lo que ayuda en gran medida a desarrollar relaciones con su audiencia. A medida que las personas continúen respondiendo y desarrollando estas relaciones con usted, también seguirán prestando más atención a sus publicaciones de ventas y probablemente estarán más interesados en prestar atención a lo que está vendiendo. Ahora, en lugar de ser simplemente otra persona promocionando en Twitter, usted es una personalidad genuina que les ofrece un producto o un servicio que les interesa. Se ha tomado el tiempo para conocerlos y desarrollar una relación con ellos, así que ahora confían cuando dice que tiene algo en lo que pueden estar interesados porque confían en que los conoce lo suficiente como para saber si realmente lo serían o no.

Como puede ver, si realmente se toma el tiempo para invertir en relaciones en línea, especialmente en una plataforma social como Twitter, que prospera en la conversación, está haciendo que su negocio y su crecimiento sean un favor masivo. Desea continuar enfatizando estas conversaciones y relaciones, y confía en que, a través de ellas, su negocio crecerá de manera masiva y efectiva.

Maximizar el crecimiento

Una vez que ingrese a Twitter, debe comenzar a enfocarse en cómo puede maximizar su crecimiento rápidamente. Cuanto antes pueda desarrollar un seguimiento saludable, antes podrá convertirse a través de Twitter, ya que tendrá una audiencia lo suficientemente grande como para comercializar. Crecer en Twitter es similar a crecer en otras plataformas, aunque hay algunas estrategias que puede tener en cuenta para ayudarlo a difundir su nombre de manera más consistente, lo que facilita que las personas lo encuentren. Lo que debe recordar acerca de Twitter es que necesita hacer un gran "revuelo" para que las personas lo vean y lo sigan. La gente sigue a aquellos en Twitter que saben cómo ser el alma de la fiesta, que pueden iniciar una conversación o saltar a una conversación y hacerla más animada, y que poseen una gran cantidad de carisma. Si desea sobresalir en Twitter, debe estar preparado para convertirse en una expresión fuerte de sí mismo para que pueda ser escuchado entre el mar de otras personas que también participan en conversaciones en Twitter. Así es como puede pasar de estar presente a estar presente *y ser conocido.*

Debido a cómo funciona Twitter, que tiene un número limitado de caracteres para usar en actualizaciones y conversaciones, debe estar preparado para ser sincero sobre lo que está compartiendo desde el primer momento. En otras palabras, no pierda su tiempo enterrando a un usuario, ya que esto hará que su audiencia le ignore, ya que no pueden llegar al fondo de lo que está tratando de decir. Sea franco, hasta el punto, y muy claro en lo que usted está diciendo en cada publicación para que la gente siempre sepa lo que está diciendo y lo que quiere decir.

Otra cosa que debe tener en cuenta cuando se trata de crecer en Twitter es que las personas solo verán muchos de los tweets recientes en sus páginas; no están en la plataforma todo el día y todos los días desplazándose para ver lo que usted y todos los demás están diciendo. Como resultado, puede beneficiarse de reiterar el mismo tweet de diferentes maneras para asegurarse de que toda su audiencia vea lo que ha publicado y obtenga el valor del tweet que ha compartido.

Asegúrese de pensar también antes de tuitear. Cuando se trata de pensar antes de twittear, hacerlo puede evitar que comparta cualquier cosa que pueda parecer despectiva o grosera. Por ejemplo, una compañía conocida como la pizza de DiGiorno usó un hashtag conocido para crear conciencia sobre la violencia doméstica para promover sus ofertas de pizza esa semana. Más tarde tuvieron que emitir una declaración de disculpa profesional, ya que esto parecía denigrante y grosero para las personas que realmente usaban el hashtag para promover algo positivo. No toda la prensa es buena prensa, especialmente en una generación de personas que cada vez son más conscientes de cómo el lenguaje y los comportamientos afectan a las personas que los rodean. Pensar críticamente sobre cómo se recibirá su tweet antes de hacerlo también es especialmente importante para marcas más pequeñas o marcas personales que pueden no tener tantos seguidores como las corporaciones existentes. Para usted, cada seguidor cuenta, por lo que usted debe ser consciente y respetuoso con sus seguidores cuando está generando publicaciones.

Por último, siempre otorgue crédito cuando sea debido, ya que no parece tan auténtico o genuino compartir el contenido de otra persona y parece que está intentando pasarlo como propio. Etiquetar al creador de contenido original, usando el acrónimo "RT" que significa "re-tweet" o usando las palabras "vía" antes de compartir quién originalmente compartió el contenido, todo puede ayudarlo a darle crédito al creador del contenido original. En línea, todo el mundo está tratando de ganarse la vida u obtener su nombre, por lo que debe asegurarse de ser respetuoso con las otras personas que también están tratando de generar éxito en línea. Además, nada limitará su éxito más rápido que hacer que parezca que está intentando apropiarse del trabajo de otra persona. Si lo atrapan plagiando contenido, usted será penalizado por ello, y probablemente de forma muy severa. Un gran ejemplo de esto es Audrey Kitching, que tiene un seguimiento masivo en línea, y un número igualmente masivo de personas que se resisten a ella porque descubrieron que regularmente roba contenido. Si realmente lo hace o no, no es importante; el hecho es que se ha hecho bien conocida por este comportamiento y, como resultado, ha frenado su crecimiento a lo grande. Si usted se mantiene auténtico y siempre da crédito cuando se debe, entonces puede mantener su reputación limpia y su audiencia feliz. La integridad es la clave.

Encontrar Influencers en Twitter

Twitter es otra gran plataforma para descubrir influencers, y aprovechar a los influencers en Twitter es una manera igualmente excelente de hacer que su marca llegue aún más lejos. Encontrar influencers en Twitter es similar a encontrarlos en otros lugares: comience a buscar contenido que sea relevante para su industria y luego comience a buscar a las personas que están teniendo el mayor impacto en Twitter a través de sus publicaciones. La clave aquí es saber lo que está buscando para que, al examinar a sus influencers en Twitter, pueda estar seguro de que está obteniendo los mejores. A diferencia de Instagram o Facebook, la verificación de los influencers de Twitter se realiza de una manera ligeramente diferente.

Cuando esté buscando un influencer en Twitter, comience por aclarar el tipo de influencer que está buscando. Idealmente, debe anotar qué es lo que comparten, cómo se conectan con su público objetivo y cómo es su personalidad. Desea encontrar personas influencers que compartan contenido que sea relevante para lo que ofrece, que se conecten con su público objetivo de una manera que les permita realizar ventas y que tengan una personalidad que sea un reflejo positivo para su marca. Encontrar el influencer adecuado que vaya a complementar su marca de manera efectiva es importante para garantizar que el dinero que invierta en este acuerdo de influencer se gastará bien y obtendrá beneficios positivos.

Una vez que haya identificado quién es lo que está buscando, puede comenzar a encontrar influencers en su campo que coincidan con estas características. Asegúrese de buscar personas que se ajusten primero a estas tres categorías, ya que estas deben ser sus prioridades en las que está buscando. Después de identificar a algunas personas que ya se ajustan a sus necesidades como marca, puede prestar atención al conteo de seguidores y al contenido del compromiso.

Cuando esté listo para comenzar a mirar las métricas del influencer, debe prestar atención a la relación de interacción más que a cualquier otra cosa. En Twitter, una gran cantidad de seguidores no necesariamente equivale a un gran impacto, por lo que debe tener cuidado para asegurarse de que la persona con la que desea trabajar realmente reciba una alta tasa de interacción. Cuanto mejor sea su relación de interacción, mayores serán sus posibilidades de obtener conversiones a través de ese influencer. Por supuesto, esto viene con una cierta condición. Si ha encontrado a alguien que tiene una relación de compromiso increíble pero solo está obteniendo el compromiso de decenas de personas o tal vez unos cientos de personas, es probable que esté buscando a alguien que no pueda crear el impacto que necesita o desea. Desea a alguien que tenga un alto índice de interacción que le gane varios cientos o incluso varios miles de compromisos por publicación, para asegurarse de que sea alguien que tendrá un impacto. Una vez que haya asegurado ese hecho, puede comenzar a realizar contenido con sus influencers potenciales para que pueda comenzar a hacer tratos con ellos. En este punto, todo lo que haga será igual que lo hubiera hecho en cualquier otra plataforma de redes sociales. Además, querrá continuar comportándose profesionalmente, crear documentos legales que describan sus acuerdos y cooperar para que el influencer disfrute trabajar con usted y es probable que aumente su reputación en lugar de minimizarla debido a la propia tergiversación de su marca.

Aumentando el valor de los influencers

Aumentar el valor de los influencers en términos de cómo benefician a su negocio se presenta de dos maneras: asegurando que ingrese los acuerdos correctos y que tenga la percepción correcta de la asociación para que pueda aprovecharla al máximo. Muchas empresas se asociarán con un influencer, creyendo que están haciendo lo mejor para su negocio, solo para descubrir más tarde que su falta de investigación o sus acuerdos rígidos hacen que no obtengan mucho de sus influencers. Para ayudarlo a aumentar el valor que obtiene de sus influencers, primero comience con lo primero: debe asegurarse de encontrar los influencers correctos que se dirijan a su audiencia de mercado convertible y obtengan una relación de participación lo suficientemente alta. Si está llegando a acuerdos con personas que no están llegando a su público real o que no están teniendo un impacto lo suficientemente grande con sus estrategias, tendrá dificultades para realizar conversiones. Como resultado, cualquier cosa que haya invertido en influencers puede considerarse un desperdicio porque ha pasado demasiado tiempo con las personas equivocadas que no pudieron generar los resultados que buscaba.

Una vez que encuentre a las personas adecuadas que puedan generar los mejores resultados para usted, el siguiente paso es asegurarse de que se verifique a sí mismo y tenga las expectativas correctas sobre cómo se verá la asociación. Si usted está trabajando con las personas adecuadas, es importante saber que son influencers como parte de su carrera, para que sepan lo que están haciendo. Saben cómo comunicarse con las personas, causar un impacto y ser vistos, que es exactamente la razón por la que los contrataron en primer lugar. Intentar establecer demasiadas reglas o restricciones sobre cómo completar el trabajo para usted solo hará que sienta que no se está logrando nada porque ha limitado su expresión creativa.

Suponiendo que ha contratado correctamente, la persona que ha contratado sabe exactamente cómo crear publicaciones para que las vean, para que las personas interactúen con ellas y para que se produzcan conversiones. Por esa razón, usted debe confiar en el influencer para que haga su trabajo y respetar que van a saber lo que se necesita más que usted.

Es imperativo que, incluso si usted es un vendedor profesional o tiene una cierta forma en que le gustan las cosas, todavía le da a su influencia derechos de dirección creativa. Si bien tiene el derecho absoluto de dar una idea de cómo desea que se vea y suene y los resultados que desea obtener, el resto debe depender del influencer. Saben cómo sonar auténticos y compartir con su público específico de una manera memorable, así que confíe en ellos.

Luego, debe asegurarse de tener claro qué es lo que debe hacer para ayudar al influencer a revisar y promocionar sus productos o servicios. Sepa qué debe enviarles u ofrecerles, qué tipo de apoyo necesitan y en qué línea de tiempo necesitan trabajar para lograr el mayor impacto con usted. Asegúrese de trabajar su presupuesto en torno a poder pagar estas cosas, ya que estas son personas que realmente lo ayudarán, por lo que, a la larga, ciertamente vale la pena.

Por último, una vez que el influencer haya hecho su parte de compartir sus productos y servicios, no tenga miedo de re-tuitear sus publicaciones en su página, o incluso compartir sus tweets en otras plataformas para que pueda aumentar el alcance. Tener su nombre de marca asociado con ciertos influencers conocidos en su industria puede ser masivo, incluso en otras plataformas, así que no tenga miedo de co-crear este proceso con el influencer y realmente correr la voz. Idealmente, primero debe permitir que compartan en Twitter, y luego puede compartir su tweet en otras plataformas durante los próximos días para que el impacto continúe el mayor tiempo posible. Si esa persona también está en otra plataforma, asegúrese de continuar etiquetándola en cada publicación que comparta para que gane crédito por elaborar la publicación en sí. Esto también le hará promocionarse en otras plataformas, lo que extiende su alcance aún más, permitiéndole realmente obtener el máximo valor de su trato con el influencer.

Rastreando sus métricas

La parte final acerca de realmente hacer un revuelo en Twitter es aprender cómo rastrear sus métricas para que pueda colocarse frente a su audiencia y continuar creciendo frente a ellos. Saber cómo rastrear sus métricas o sus análisis, como algunas personas los llaman, le permite descubrir dónde está teniendo el mayor impacto en línea y dónde necesita mejorar. Cuando usted descubre dónde está teniendo el mayor impacto, usted puede usar esta información para continuar generando contenido similar y tener un impacto aún mayor. Cuando usted descubra áreas donde no se está desempeñando tan bien, puede evitar recrear cualquier contenido como ese para que no continúe creando contenido que a la gente no le importa.

El seguimiento de sus métricas en Twitter es simple. Para rastrearlos, usted debe tener una cuenta comercial, a la que puede convertir desde la página de configuración de su cuenta. Si usted aún no tiene una cuenta comercial, necesitará convertir y luego darle tiempo a su cuenta para desarrollar métricas, ya que Twitter no volverá a revisar las publicaciones anteriores para ver cuáles son sus métricas; solo comenzará a rastrearse una vez que realice la conversión. Por lo general, querrá darle a su cuenta de dos a cuatro semanas para generar realmente una gran cantidad de métricas analíticas orgánicas para que pueda tener una idea clara del rendimiento de su contenido. Si usted intenta comenzar a rastrear demasiado rápido, es posible que no vea la imagen completa, ya que no ha tenido suficientes tipos de contenido en Twitter para saber realmente.

Después de que su análisis haya crecido durante un tiempo, usted puede continuar y abrir su panel de actividad de Tweet. Desde este panel de control, usted verá información como cuántas personas han visto su contenido, cuántas veces ha sido re-tuiteado y cuántos me gusta y respuestas ha recibido de cada tweet que ha compartido. Estas métricas le mostrarán qué contenido está compartiendo y que está siendo bien recibido por su audiencia. A medida que usted observa estas métricas, usted puede comenzar a notar qué tendencias aumentan a través del contenido que más le gusta a su audiencia para tener una idea clara de lo que puede comenzar a compartir más para su audiencia. Por ejemplo, usted puede encontrar que su contenido relacionado con el humor o la sátira obtiene vistas más altas que su contenido serio. En este caso, usted puede comenzar a usar el humor o la sátira para comunicarse con su audiencia de una mejor manera, e incluso puede tejer este tono de voz en su contenido de marketing para que pueda comenzar a recibir más tracción en su contenido de marketing.

Lo siguiente a lo que usted debe prestarle atención es a las ideas de su audiencia, ya que esta información le dirá cuánto ha crecido su audiencia y a qué grupo demográfico pertenece su audiencia. Es importante prestar atención, ya que, obviamente, usted desea recibir un crecimiento constante de su audiencia para asegurarse de que se dirige en la dirección correcta y aumenta su impacto en línea. También usted debe asegurarse de prestar atención a la demografía de quién es su audiencia, ya que el crecimiento en una demografía que es extremadamente irrelevante para su industria no es necesariamente algo bueno. Aunque estos son seguidores, no son necesariamente clientes potenciales o personas que potencialmente le comprarán a usted, lo que significa que, a pesar de que está recibiendo un gran número de seguidores y compromiso, es probable que no pueda convertir esa audiencia. Desea tener una audiencia que resuene con lo que tiene que ofrecer para asegurarse de que los convertirá en algún momento.

Si encuentra que su demografía es muy diferente de la que necesita alcanzar, usted debe comenzar a investigar más sobre lo que su público objetivo está haciendo en Twitter. Preste atención a dónde están pasando el rato, de qué están hablando y qué los hace interactuar con una marca. Luego, usted puede comenzar a prestar atención a cómo su marca es diferente de lo que ya está siguiendo, y cómo puede comenzar a aprovechar esa información para hacer los ajustes necesarios en su marca y su enfoque para ayudarlo a llegar a su audiencia ideal. A veces, especialmente desde el principio, puede tomar muchos ajustes menores a medida que aprende a conectarse con su audiencia y tener un impacto en relacionarse con ellos y despertar su interés. ¡Muy pronto encontrará que el equilibrio adecuado y compartir con su audiencia será fácil! Use sus métricas para ayudarlo a identificar dónde están sus fortalezas y debilidades para minimizar la cantidad de tiempo que tomará llevar su marca y realmente crecer a un ritmo sustancial.

Capítulo 6: YouTube y Podcasts

Actualmente, en 2019, los mercadeos de audiovisual son dos de las herramientas más poderosas que puede usar para presentarse ante su audiencia, ya que estos son los dos estilos de contenido que el público consume más. En estos días, lanzar un podcast o un video de YouTube mientras cocina la cena, conduce al trabajo o va al gimnasio es parte de cómo el adulto moderno obtiene su contenido. En lugar de tener que sentarse y desplazarse por una pared durante incontables horas o leer algo, pueden realizar múltiples tareas, lo que permite que el desarrollo personal, la educación o el entretenimiento se superpongan con otras tareas importantes. Este método de consumo de contenido es perfecto para el estilo de vida ocupado al que todos parecen suscribirse con sus carreras, familias, vidas sociales y vidas personales.

Si realmente usted quiere disparar su marca personal, tener un canal de YouTube, un podcast o ambos es una gran oportunidad para poner su contenido frente a su audiencia. De esta manera, tienen otra excelente manera de consumir su contenido, usted puede compartir aún más y está estableciendo una conexión más personal a través de voz o voz y visual. A medida que su audiencia se acostumbre a escuchar su voz y, si tiene un canal de YouTube, al ver su rostro, se apegarán aún más a usted y a su marca. De esta manera, comienzan a sentir que realmente son sus amigos y quieren conectarse con más frecuencia. Como marca, esto significa que puede ofrecer aún más productos y servicios, y ellos realmente querrán más de usted mientras disfrutan de ganar el valor que tiene para ofrecer.

El poder del mercadeo audiovisual

El mercadeo de audiovisual siempre ha sido poderoso, es por eso que tanto la radio como la televisión han tenido éxito, y por qué existen tantos comerciales en la radio y la televisión. Comprenda que estos dos métodos de comercialización se han utilizado durante generaciones porque funcionan, y funcionan porque se han utilizado durante generaciones. En el pasado, el mercadeo de audiovisual realmente despegó porque eran similares al mercadeo de boca en boca, excepto que podían hacerse de manera generalizada. Debido a que se ha hecho durante tanto tiempo, las personas también se han acostumbrado a desarrollar "relaciones" con otros que se escuchan en la radio o la televisión. En los tiempos modernos, la radio y la televisión siguen siendo relevantes, pero el marketing de audio y visual a través de Internet también se ha vuelto muy popular. ¡No es sorprendente que el crecimiento de estas dos áreas de popularidad también haya llevado a la mayoría de las plataformas a ofrecer algún tipo de servicios de mercadeo de audiovisual que puede aprovechar cuando realiza marketing en línea! Por ejemplo, Instagram y Facebook tienen funciones de marketing de video en vivo, y Twitter ofrece la oportunidad de cargar el contenido de su video para compartirlo con su audiencia.

Sin embargo, si realmente usted desea que el contenido de audiovisual sea su principal método de interacción, confiar en estas aplicaciones que solo incorporan el mercadeo de audiovisual como un pequeño segmento de la imagen general no es lo ideal. En cambio, usted debe buscar utilizar una plataforma que fomente específicamente el mercadeo de audiovisual, como una plataforma de podcast o YouTube. De esta manera, usted puede especializarse en ofrecer contenido de audio o visual, y su audiencia puede consumirlo en gran medida compartiendo. También puede continuar haciendo crecer sus otras plataformas para que pueda promocionar su podcast o YouTube en otras plataformas, aumentando el alcance de sus espectadores y aumentando sus programas más rápidamente. Aprenderá más sobre esto más adelante.

Mientras tanto, entienda que la gente está acostumbrada a confiar en el boca a boca como una de las herramientas más fiables cuando se trata de recibir consejos sobre dónde y qué comprar. Cuando se aprovecha el uso de contenidos audiovisuales para el mercadeo, y especialmente cuando se usan ambos juntos, se ofrece a la audiencia una herramienta muy poderosa para verlo, oírlo y confiar en usted. La mayoría de las personas son mucho más propensas a confiar y actuar en base a lo que han escuchado a través del contenido hablado que en base a lo que han leído en otra actualización de estado. Esto no significa que la comercialización de contenido escrito y las actualizaciones de estado no funcionen, sino que pueden no ser tan eficaces en un mercado en el que muchas personas ya están compartiendo mucha comercialización de contenido escrito. Además, la comercialización de contenido escrito carece de las ayudas auditivas y visuales que ofrecen los podcasts y el contenido de vídeo.

YouTube, Podcast, ¿o ambos?

Quizás se esté preguntando qué tipo de contenido será el mejor para desarrollar, y la verdad es que solo usted tendrá la respuesta correcta. Parte de lo que decida se basará en cómo su audiencia preferiría consumir contenido, y la otra parte se basará en qué tipo de contenido le interesa crear. A continuación, usted encontrará qué considerar para ayudarlo a decidir si desea hacer videos de YouTube, podcasts o ambos.

Si está considerando videos de YouTube, es probable que le intrigue la idea de ofrecer contenido de video a su audiencia. El contenido de video es ideal para una marca que desea compartir ayudas visuales o representaciones, como dibujos en una pizarra o demostraciones de productos físicos, o que simplemente usted quiere que su público reconozca su rostro. El uso de contenido de video puede ayudarlo a transmitir su actitud y emociones a través de expresiones faciales, lo que, para algunas personas, marca una gran diferencia. YouTube también funciona como un sitio de estilo de redes sociales, lo que facilita subir videos y promocionarlos a su audiencia, ya que usted puede cargar un video en YouTube y luego compartir ese video en otras plataformas. Algunos inconvenientes comunes de YouTube incluyen que necesita poder filmar en 1080p o superior con condiciones de iluminación de alta calidad y estética visual en general, y su audiencia no puede descargar sus videos, por lo que no siempre pueden llevarlo a donde vaya.

Los podcasts son geniales para llevar sobre la marcha, ya que se pueden descargar y escuchar cuando sea. Dicho esto, para usted, cargar su programa en varias plataformas diferentes puede ser un desafío, aunque necesario, si usted desea presentar su programa frente a una amplia audiencia. También debe asegurarse de que usted está creando una alta calidad de sonido, ya que su audiencia querrá escuchar un sonido de alta calidad proveniente de su programa. Aparte de eso, los podcasts son excelentes porque son muy fáciles de consumir para las personas, y las aplicaciones para escuchar podcasts a menudo son convenientes y fáciles de navegar para usted y su audiencia. Y, cuando está cargando un podcast, no tiene que preocuparse por su aspecto o la calidad de la estética en su entorno, ya que puede simplemente sentarse en un lugar tranquilo y hablar.

En términos generales, si desea maximizar su alcance y aumentar su potencial de servir a su audiencia, hacer un podcast y un programa de YouTube al mismo tiempo puede ser valioso. Esto requiere un trabajo más arduo por su parte, pero no es demasiado desafiante, por lo que ciertamente puede hacerlo funcionar si desea maximizar su alcance. En general, los únicos pasos que se agregarían serían: dividir su audio de su visual para su podcast y luego hacer el trabajo preliminar y la promoción para ambos. En muchos casos, usted puede promocionar tanto al mismo tiempo como una estrategia de marketing del tipo "escuchar o mirar, según su preferencia". Aunque esto puede sonar desafiante, todo se puede hacer con iMovie o un programa equivalente, y luego siguiendo los pasos para cargar y promocionar un podcast y un canal de YouTube. Si usted puede lidiar con los pasos adicionales, esta puede ser la mejor oportunidad para maximizar su alcance y alcanzar su máximo potencial en línea.

Diseñando su "Show"

Una vez que usted haya decidido cómo va a presentar su espectáculo, también desea hacer las bases para diseñar su espectáculo. Cuando se trata de diseñar programas, usted debe asegurarse de tener un enfoque muy claro en su programa. Si su marca no gira completamente en torno al programa en sí, es posible que desee elegir un aspecto singular de su marca para convertirse en un programa y hacer crecer el resto en otro lugar. Cuanto más claro sea el enfoque de su programa, mejor lo comercializará y obtendrá la audiencia correcta escuchando. Cuando se trata de videos o audio, las personas quieren tener una razón muy clara para escuchar para asegurarse de que obtienen todo lo que necesitan o quieren del programa. Si su dirección no está clara, es posible que las personas no escuchen su programa, ya que es posible que no estén interesados en pasar de veinte a cuarenta minutos tratando de averiguar en qué dirección va.

Un gran ejemplo de elegir un enfoque claro con su programa sería uno que gira en torno al mercadeo. Digamos que usted es una agencia de marketing que ayuda a las personas a comercializar sus pequeñas empresas para que puedan tener un mayor impacto en llegar a su audiencia. Quizás el servicio que ofrece es consultas de mercadeo y paquetes de mercadeo hechos para usted, pero desea crear un mayor alcance, por lo que desea ofrecer algo que sea de valor gratuito de inmediato. Si este fuera el caso, podría lanzar un programa que estaría orientado a enseñar a las personas cómo aprovechar las últimas tendencias de mercadeo en redes sociales para que puedan comenzar a probarlo ellos mismos. También puede comercializar sus paquetes de mercadeo hechos por usted o consultas a lo largo de su espectáculo para que las personas que estén interesadas en comprender las tendencias pero que sientan que puedan necesitar ayuda para hacerlas cumplir puedan contratarlo. Esta es una excelente manera de aprovechar su programa como una herramienta para posicionarlo como experto en su campo, así como para usarlo como una herramienta de mercadeo y para aumentar su audiencia al ofrecer un valor gratuito que pueden comenzar a utilizar de inmediato.

Una vez que usted haya decidido el enfoque de su programa, también debe decidir sobre los detalles de su programa. Averigua cómo usted quiere que se llame el programa, cuánto tiempo usted quiere que sea cada episodio y con qué frecuencia quiere subir sus episodios. También usted puede crear una estructura de cómo nombrará sus episodios, si lo desea, para que cada episodio tenga un nombre similar, permitiendo que su audiencia se acostumbre a su marca de podcast o canal de YouTube. Idealmente, usted debe crear programas que tengan una duración de diez a 60 minutos y subirlos al menos una vez por semana para desarrollar una frecuencia que sea lo suficientemente consistente como para llegar a su audiencia y hacer que regresen por más. Debe cargar sus videos o podcasts el mismo día todas las semanas para que las personas sepan cuándo pueden esperar recibir más de usted.

Aprovechando YouTube para el reconocimiento de marcas

YouTube es una plataforma poderosa para cualquiera que quiera desarrollar el reconocimiento de marca. Cuando ingresa a YouTube, puede darle a su audiencia una visión sobre quién es usted, cómo es y qué tiene usted para ofrecer. YouTube es una excelente plataforma porque está alojado como un sitio de motor de búsqueda, lo que significa que las personas pueden descubrirlo orgánicamente incluso después de que sus videos se hayan subido, a veces incluso años después. Además, dado que los videos siempre son fáciles de ubicar en su canal, las personas pueden ver su contenido de forma compulsiva, o puede regresar y compartir contenido antiguo (pero aún relevante) en una fecha posterior con su audiencia. De esta manera, su contenido de YouTube lo llevará mucho más lejos que casi cualquier otra forma de contenido, ya que su vida útil es muy larga.

YouTube debe aprovecharse al atraer a su audiencia a su mundo personal o al enseñarles algo, ya que estas son las dos cosas que la gente ve más en YouTube. Si usted quiere traer personas a su mundo, usted puede probar vlogging como una forma de crear una relación personal con su audiencia. El vlogging se lleva a su audiencia con usted durante todo el día o la semana, y les muestra parte de su vida con la que usted cree que resonarán más. Algunos vloggers mostrarán absolutamente todo, mientras que otros pueden mostrar sus rutinas diarias que son relevantes para su marca. Decida con qué se siente más cómodo compartiendo y en qué estará más interesado su público y comience compartiendo eso, ya que todo lo demás se descubrirá más adelante.

Si usted prefiere compartir videos instructivos, asegúrese de elegir un área dentro de su industria en la que se pueda compartir mucha información. Además, para ayudarlo a seguir teniendo más contenido del que hablar, haga que cada video sea muy directo y sobre una sola cosa. Absténgase de dar demasiado de una vez, o puede descubrir que se le acabaron las cosas que ofrecer y de las que hablar. Recuerde planificar a largo plazo para que pueda mantener su canal funcionando y creciendo durante un período significativo, ya que un canal de YouTube bien diseñado puede ser una fuente poderosa de crecimiento para muchas marcas.

Una vez que usted haya desarrollado su canal de YouTube y haya comenzado a subir páginas, aproveche para compartirlo en todas partes. Muéstrele a las personas que usted ha estado haciendo videos, deles una pequeña idea de qué esperar y llévelos a su canal. También usted puede insertar su video en su sitio web o en boletines por correo electrónico para que las personas puedan comenzar a verlo directamente en su sitio o en sus correos electrónicos. Cuanto más lo publique, más público podrá ver su página, y a medida que las personas crezcan y vean que tiene la página que comparte el mejor y más relevante contenido para su industria, querrán mantenerse viéndolo.

Maximizar su potencial de crecimiento en YouTube

Como con cualquier cosa, su mayor potencial de crecimiento es aprovechar la consistencia, ya que cuanto más consistente sea, más personas van a creer en usted y en lo que tiene para ofrecer. La coherencia le ayudará, especialmente cuando se trata de mostrarle a su audiencia que usted es serio, y recordarles que usted tiene mucho contenido disponible para que lo vean. A veces, se encontrará con los canales de información de las personas en un momento en que no pueden comprometerse a mirar, pero es posible que lo vean en una fecha posterior. Si usted dejara de compartir su canal, podrían simplemente olvidarse de usted, pero debido a que continuamente usted está compartiendo su contenido, estas personas recuerdan que su canal existe y lo mirarán siempre que puedan.

Otra cosa que usted quiere hacer para maximizar su crecimiento en YouTube es diseñar su canal. Revise y cree el nombre de su canal de YouTube, suba una foto de perfil, suba el diseño del canal y use miniaturas atractivas para sus videos para que las personas vean sus miniaturas y estén más inspirados para ver sus videos. También usted puede crear un avance de canal personalizado para que cuando las personas lleguen a su canal, puedan conocer algunos datos sobre usted, lo que tiene que ofrecer y por qué deberían estar viendo su canal.

Además, asegúrese de aprovechar las estrategias de SEO. El SEO es una herramienta poderosa que usted puede usar para elevar sus videos en las clasificaciones de YouTube, ya que cuanto usted más complete para SEO, más se clasificarán sus videos. La mejor manera de optimizar su canal para YouTube es asegurarse de que usted siempre esté completando las etiquetas en sus videos, utilizando descripciones ricas en palabras clave y eligiendo títulos con palabras clave relevantes. Usted puede descubrir qué palabras clave están de moda en torno a su tema de video en particular visitando un sitio web como palabras clave de Google y buscando palabras clave relevantes. De esta manera, su video tiene mucha información completa que le permite a YouTube darse cuenta de que es relevante para los términos de búsqueda de alguien, lo que le posiciona en un lugar más alto. Cuantas más vistas y compartas, más relevante será su video; por lo tanto, cuanto más alto sea su rango una vez más, no tenga miedo de alentar a las personas a ver su video, comentarlo, suscribirse a su página y compartir el video con sus amigos.

Aproveche su podcast para el reconocimiento de la marca

Aprovechar su podcast para el reconocimiento de marca funcionará de manera similar a YouTube, excepto que no puede mostrarle cosas físicamente a las personas, por lo que deberá abstenerse de intentar enseñar cualquier cosa que pueda requerir ayuda visual. En cambio, desea confiar más en hablar y aprender en audio que no requieren que su audiencia realmente vea nada de lo que está haciendo. Un gran ejemplo sería discutir estrategias para aumentar su visibilidad en Instagram o hablar a las personas a través del proceso de curación de una ruptura. Ofrecer a las personas contenido educativo, de entretenimiento o informativo a través de clips de voz es una gran oportunidad para salir sin tener que mostrar nada físicamente a su audiencia.

Una excelente manera de aprovechar su podcast es centrar su podcast en temas semanales y luego hablar sobre esos temas en otras plataformas de redes sociales durante toda la semana. De esta manera, usted puede permitir que todo su contenido se una para ofrecer una lección central y apoyar a su audiencia en el crecimiento. Esto también ayuda a comercializar su podcast, ya que puede hablar sobre el mismo tema durante toda la semana y hacer saber a la gente que un podcast saldrá con aún más información, y luego dejar el podcast. Esta estrategia de mercadeo atraerá a su audiencia y los mantendrá prestando atención para que cuando se lance su podcast, las personas lo presten rápidamente y, con suerte, lo compartan con aquellos que creen que también se beneficiarán de él.

También usted puede aprovechar su podcast utilizando estrategias de mercadeo en todo el podcast. Por ejemplo, podría decir algo como: "Este próximo consejo que le voy a dar es en realidad uno que le di a mi cliente la semana pasada, y me di cuenta de que realmente necesita compartirlo más ampliamente. Por supuesto, teníamos una hora para hablar sobre eso para que pudiera profundizar mucho más, pero ahora le voy a dar una idea general para que pueda comenzar a beneficiarse también". Esta es una excelente manera de comenzar a promocionarse mostrando a las personas que quienes trabajan con usted obtienen mucho más, pero también desea que se beneficien en este momento. De esta manera, aquellos que comienzan a implementar sus estrategias verán que funcionan y pueden elegir trabajar con usted en una fecha posterior porque se dan cuenta de que sus estrategias realmente les brindan beneficios. Alternativamente, si quieren todo el valor que tiene para ofrecer, pueden comenzar a trabajar con usted de inmediato para que no tengan que intentar implementarlo ellos mismos o solo obtener una parte de los beneficios cuando quieran obtener la totalidad de beneficios.

Maximizar su potencial de crecimiento de los podcasts

Maximizar su crecimiento en su podcast funcionará de manera similar a YouTube en el sentido de que desea permanecer constante y hablar sobre ello con la mayor frecuencia posible. Cuanto usted más hable sobre su podcast y lo comparta con la gente, más personas lo encontrarán y comenzarán a escuchar su podcast, o lo escucharán en una fecha posterior si se han olvidado de sintonizar en una semana. Con el tiempo, las personas se apegarán a su podcast y querrán verlo constantemente porque les gusta saber de usted y conectarse con su contenido.

Otra gran manera de hacer crecer su podcast es a través de la red, ya que cuanto usted más se conecte con la gente, más personas podrán hablar sobre su podcast. Usted puede hablar sobre su podcast con cada oportunidad orgánica que obtenga como una forma de dar a conocer su nombre, informar a la gente sobre lo que usted está haciendo y darles la oportunidad de escuchar el contenido que ha producido. Si bien no quiere exagerar hablando de ello, ya que a nadie le gusta el mercadeo obsesivo no solicitado, sí que quiere asegurarse de compartir todo lo que pueda con su audiencia. Cuanto más se pueda hablar al respecto, mejor.

Otra gran herramienta para ayudarlo a maximizar su crecimiento es elegir un buen anfitrión desde el principio. Nada sería más frustrante que comenzar con un host de bajo nivel y tener que cambiar todo en una fecha posterior, así que usted haga todo lo posible para evitar esto a toda costa comenzando con un host de alta calidad. Usted desea buscar un host que tenga un precio razonable, que exponga su programa a todas las plataformas de podcasts como RSS, Apple Podcasts e iTunes, y que le permita continuar creciendo mientras su red crezca. Siempre puede comenzar con una cuenta gratuita o básica en una gran plataforma, pero haga su mejor esfuerzo para pensar como un profesional y acceder a una cuenta profesional lo antes posible, ya que esta es la mejor manera de asegurarle de que realmente usted está saliendo ahí afuera y creciendo rápidamente.

Si usted va a utilizar una página de YouTube y un podcast, asegúrese de realizar una promoción cruzada siempre que sea posible. Si usted ha compartido el mismo programa que un video y un podcast, cada vez que suba contenido a su plataforma, asegúrese de comercializar ambos tipos con publicaciones que digan algo como "¡Mira aquí, o escucha aquí!" con enlaces a sus respectivos shows. Cuanto más pueda hacer una promoción cruzada, más opciones tendrán sus espectadores para verlo o escucharlo, y es más probable que maximice sustancialmente su podcast y el crecimiento de YouTube.

Capítulo 7: Blogs y blogueros

Durante años, la gente ha estado hablando como si el mundo de los blogs estuviera muriendo y ya no hubiera ningún punto real para entrar en los blogs, ya que el mundo está "saturado" y "ya nadie está leyendo blogs". Para ser honesto, esta charla, "la industria está muerta", ocurre en casi todas las industrias cada año, y las únicas personas que lo creen son las personas que no están dispuestas a educarse sobre cómo aprovechar esa industria de manera efectiva. Contrariamente a este mensaje, los blogs siguen siendo una forma muy efectiva de transmitir contenido a su audiencia, generar contenido permanente que se pueda ver en cualquier momento y elevar su sitio web en los rankings de los motores de búsqueda agregando más palabras clave a su sitio web. Hacer que su blog salga a la luz es una gran oportunidad para mostrar a todos, su experiencia y al mismo tiempo expandir su marca y aumentar su presencia, por lo que no hay absolutamente ninguna razón para que usted pare o evite los blogs en 2019.

Si usted ya está blogueando, es posible que desee hacer crecer su plataforma aún más para que pueda tener un mayor éxito. Si usted es nuevo en los blogs, usted se estará preguntando cómo puede aprovechar su blog para hacer crecer su presencia para que el resto de su marca reciba un impulso positivo de su marca, ayudándolo a crecer aún más en línea. En este capítulo, usted descubrirá cómo hacer crecer su blog, cómo usar su blog para hacer crecer su marca y qué puede hacer para aprovechar a los influencers en los blogs en 2019 para que pueda tener un impacto masivo. Esto es todo lo que usted necesita usar para comenzar, crecer y dominar la blogosfera.

Cómo hacer crecer su blog de marca

El primer paso para hacer crecer su blog de marca es asegurarse de que su blog tenga una buena marca y sea atractivo. Si usted ha estado blogueando durante un tiempo, es probable que haya estado trabajando constantemente para marcar su blog y mantenerlo atractivo para su audiencia, pero si usted es "nuevo", es posible que no haya hecho esta parte todavía. La mejor manera de convertir su blog en marca es mirar su marca en otro lugar en línea y comenzar a convertirla en marca en consecuencia para que su blog coincida con la marca que usted ya ha comenzado a desarrollar. ¡También usted puede comenzar a promocionar y comercializar su blog hablando de él en las redes sociales y brindando a las personas la información que necesitan para entusiasmarse con el hecho de que pronto saldrá un blog!

A medida que crezca su blog de marca, usted debe continuar haciéndolo con una voz auténtica. A veces, cuando las personas entran en un nuevo mundo de mercadeo o intercambio, sienten que necesitan ajustar su voz para que coincida con la audiencia que es más probable que los encuentre en la plataforma. Esto puede ser un intento de servir a su audiencia, o puede ser porque simplemente no sabe cómo expandir su voz en un blog, pero, de cualquier manera, tratar de cambiar su voz o su perspectiva para adaptarse a su blog va a quitarle grandeza a su blog. La gente ha llegado a conocerlo por cómo usted habla, cuáles son sus perspectivas y qué tiene para ofrecer, y van a querer seguir obteniendo información suya con esa misma personalidad. De lo contrario, las personas pueden comenzar a pensar que su personalidad no es auténtica o que su blog no es agradable y, por lo tanto, es posible que nunca le presten atención, lo que puede conducir a una pérdida de tiempo.

Si usted no sabe cómo expandir su marca a un blog, revise la personalidad de su marca y preste atención a cuál sería el diálogo probable entre su marca y su audiencia en un método más extenso como los blogs. Cuanto más pueda identificar cuáles son sus personalidades clave y cuál es su sonido, más fácil será para usted comenzar a generar contenido para su blog de una manera que suene auténtica. Si aún no lo sabe, una excelente manera de comenzar a bloguear es grabarse en voz alta hablando sobre lo que quiere que sea la publicación de su blog para que suene auténtico y cómo hablaría. Luego, puede simplemente transcribir lo que ha dicho y editarlo para que se vea pulido para una publicación de blog. Esta es una excelente manera de mantener su voz sonando auténtica y personal cuando escribe en un blog para que las personas puedan sentir su personalidad en todo lo que comparte.

Por último, asegúrese de prestar atención a los aspectos técnicos de su blog cuando se trata de planificar el crecimiento también. Usted puede hacerlo asegurándose de tener un cuadro de búsqueda, un menú de navegación claro y un diseño fácil de entender para su blog, de modo que las personas puedan encontrar fácilmente lo que están buscando. También usted debe hacer que su blog sea amigable para dispositivos móviles para asegurarse de que todos los usuarios de dispositivos móviles sepan que pueden visitar su página y aun así obtener valor de ella, en lugar de tener que lidiar con tamaños de texto extraños y diseños de contenido extraños en sus pantallas móviles. Pensar de esta manera más técnica asegura que usted desarrolle un blog que sea accesible y utilizable por su audiencia para que realmente puedan disfrutar de su blog. Cada vez que realice un cambio en su blog, asegúrese de echarle un vistazo desde el punto de vista del lector en su navegador de escritorio y móvil para confirmar que su audiencia lo haya leído. De esta manera, evita perder lectores únicamente por discrepancias técnicas menores.

El Mundo de los Influencers de los Blogs

Antes de que las redes sociales realmente explotaran, YouTube y los blogs eran dos de las plataformas más utilizadas por personas influyentes. En un momento, las redes sociales fueron utilizadas exclusivamente por personas influyentes para llevar a su público a sus páginas o blogs de YouTube para que pudieran comercializar a su público en un espacio donde pudieran ofrecer más información. Por esta razón, los blogs se convirtieron en una gran plataforma para que existan personas influyentes para que puedan obtener un gran ingreso de su audiencia y las marcas que querían acceder a su audiencia. En estos días, los blogs siguen siendo una plataforma masiva que los influencers utilizan para continuar saliendo frente a su audiencia. Aunque no todos y cada uno de los miembros de su audiencia van a hacer clic de nuevo en su blog, todavía hay una gran mayoría de personas que preferirían mirar una publicación de blog completa y obtener toda la primicia sobre un nuevo producto o servicio antes de comprarlo. Al tener un blog disponible, los influencers pueden continuar ofreciendo esta mayor cantidad de información a su audiencia para que puedan darle a su audiencia mucho contenido para leer.

En estos días, la forma en que funcionan los influencers de blogs es ligeramente diferente. En lugar de exigir a todos que vayan a su blog para obtener información sobre cómo comprar algo, ofrecen la información de inmediato en las publicaciones de las redes sociales y luego ofrecen más información en su blog para cualquier persona que prefiera recibir más información antes de comprar. De esta manera, pueden dirigirse a los miembros de la audiencia que no están interesados en aprender tanto, como a aquellos que sienten que necesitan leer más para tener una decisión más completa antes de comprar productos.

De cualquier manera, casi todos los verdaderos influencers tendrán un blog o un sitio web para mostrarles a las empresas y seguidores que realmente están manejando un negocio de influencers. Esta también es una excelente manera para que creen una exhibición de personalidad más profunda para su audiencia para que todos puedan tener una mejor idea de quiénes son y qué tienen para ofrecer.

En 2019, la conexión con influencers en los blogs está impulsada principalmente por acceder a Google o un motor de búsqueda similar y buscar blogueros populares en su industria. Esta es la forma más fácil de encontrar personas influyentes que también aprovechan los blogs para que pueda colaborar con ellos a través de la blogósfera. La razón por la que desea tener influencers que están específicamente en los blogs es porque estas son personas que colaborarán con usted de una manera que genere más tráfico a su blog. Ciertamente, puede colaborar en su blog personal con aquellos que no tienen un blog, aunque es difícil determinar si su audiencia está interesada en leer blogs, ya que no todas las audiencias lo están.

Una vez que usted haya identificado influencer en la blogosfera a través de un motor de búsqueda, puede comenzar a seguirlas y consumir su contenido para tener una idea de quiénes son. También puede echar un vistazo para ver dónde están en línea y cómo es su participación en las redes sociales, para tener una mejor idea de la calidad de la influencia que tiene este bloguero en particular y si pueden o no ayudarlo a obtener la publicidad, ¿qué busca? Si encuentra que coinciden con sus ideales para una colaboración, siempre puede ponerse en contacto con ellos para "tantear la situación". A menudo, los blogueros que están abiertos a colaborar tendrán una forma fácil de contacto que les permitirá saber cómo ponerse en contacto con ellos. Si no lo hacen, envíelos por correo electrónico al enlace proporcionado y siga los pasos para ponerse en contacto con influencers del capítulo 3, donde se le presentan los pasos para contactar a influencers de manera ética y crear acuerdos de colaboración con ellos.

Aprovechamiento de las colaboraciones

En el mundo de los blogs, las colaboraciones son una forma poderosa de trabajar junto con otros blogueros para proporcionar un mayor valor a su audiencia al mismo tiempo que promocionan y reciben un mayor alcance a una nueva audiencia. Las colaboraciones a menudo se realizan como una forma de proporcionar contenido nuevo y único a una audiencia y, al mismo tiempo, ofrecer algo que sea de marca o relevante para lo que suele interesar a la audiencia. Hay dos tipos de colaboraciones: escribir en el blog de otra persona (colaboraciones salientes) u otra persona que escriba en su blog (colaboraciones entrantes). La mayoría de las veces, las colaboraciones existirán en ambas direcciones, ya que usted escribe algo para su audiencia y ellos escriben algo para la suya. A continuación, descubrirá lo que se necesita para formar parte de cualquiera de los estilos de colaboración.

Colaboraciones salientes

Cuando usted desee escribir en el blog de otra persona, esto se considera una colaboración saliente, ya que está publicando en la página de otra persona. Las colaboraciones salientes son un poco más difíciles de crear, ya que generalmente no se considera ético pedirle a otra persona que lo aloje en su blog. En cambio, es más común solicitar que otra persona sea alojada en su blog por un día, y luego, si lo desean, pueden ofrecerle la misma oportunidad. La única vez en la que puede ser más razonable ofrecer una colaboración saliente es si conoce al bloguero al que desea ofrecer la colaboración saliente como amigo y, a menudo, lo ofrecerá como una colaboración intercambiada donde ambos publican para el otro. De esta manera, no solo está solicitando ser alojado en un blog que pertenece a alguien que no conoce muy bien.

Si se le ofrece ser parte de una colaboración saliente, debe asegurarse de que sea cooperativo y amigable para garantizar que la colaboración vaya bien. Si no lo está, la otra persona puede cambiar de opinión, y puede terminar poniendo su reputación en línea, lo que puede dificultarle crecer a través de colaboraciones o incluso orgánicamente si se corre la voz sobre su reputación. La mejor manera de garantizar que siga siendo cooperativo y amigable es mantener los términos del acuerdo muy claros y asegurarse de que tanto usted como la persona que aloja el blog tengan claro lo que hay que hacer. Continúe siendo claro sobre lo que está publicando, cuándo enviará la publicación y qué tipo de marketing realizará para la publicación que se aloja en el blog de otra persona. Ser abierto y claro sobre estas cosas asegura que sus líneas de comunicación nunca se crucen, que todos sepan qué esperar y que, si algo sale mal, puede continuar comunicándose a través de él. Abstenerse de hacer negocios que no estén claros, o al menos no antes de aclararlos, ya que hacerlo puede resultar en que no coopere simplemente porque no entendió completamente lo que se esperaba. Es mejor prevenir que lamentar, pero no sienta la necesidad de ser cauteloso hasta el punto de escepticismo. Simplemente tenga en cuenta el acuerdo y manténgalo claro para que ambos puedan disfrutar del proceso de trabajar juntos.

Colaboraciones entrantes

Si usted desea alojar a alguien en su blog, asegúrese de seguir los pasos de conectarse éticamente con personas influyentes u otros blogueros en el capítulo 3 para que parezca positivo y amigable cuando se conecta con posibles colaboraciones. Luego, cuando tenga a alguien que acepte colaborar con usted, asegúrese de continuar manejando la colaboración de manera profesional y ética todo el tiempo. Puede ser fácil querer ser amigo de otros blogueros, y aunque ser amigable e incluso amigo es una buena idea, siempre es importante confirmar que ambos tienen claro el hecho de que sus blogs son sus marcas y que quieren que sus marcas sean respetadas por el otro bloguero. Mantenerse amistoso, pero profesional durante cada intercambio, mantener sus expectativas claras y razonables, y trabajar junto con la persona que publicará en su blog es importante. Esta es la mejor manera de garantizar que está colaborando de una manera positiva tanto para usted como para la persona que escribe en su blog.

Es fundamental que cuando usted realice este tipo de colaboración, haga que el otro bloguero le envíe su publicación de blog en un documento y no le dé la información para iniciar sesión en su blog para publicar. Recuerde: incluso si se trata de una transacción profesional, no conoce a esta persona, por lo que no desea que tenga acceso gratuito a su sitio web e información personal. Manténgase amigable pero inteligente. Además, asegúrese de que sepan exactamente qué tipo de contenido está buscando para que cuando le envíen su documento, le envíen contenido que sea relevante para su audiencia y lo que está buscando. Sería injusto pedirle a alguien que publique en su página solo para que tenga que volver a escribir su publicación porque no tenía claro qué deseaba para su página. Recuerde: su tiempo también es valioso, así que respételo.

Por último, al hacer colaboraciones entrantes, asegúrese siempre de buscar calidad y no cantidad. Idealmente, de todos modos, no desea demasiadas colaboraciones entrantes, ya que diluirá la cantidad de contenido que ha creado personalmente para su sitio web, lo que puede hacer que su blog parezca poco auténtico. Usted desea que su audiencia sea muy clara sobre quién es el dueño del blog. También usted puede hacer que parezca que el único propósito de su blog es llamar la atención, ya que constantemente aloja a todos los demás en él. Además, tener blogueros de baja calidad en su página puede ser decepcionante y dejar que la calidad de su blog descienda. Trate a su blog como si fuera su negocio y sea intencional sobre quién publica en él y qué publican para que la calidad de su blog se mantenga alta.

Aumentar el número de lectores

Hay muchas formas poderosas para usted que aumente el número de lectores en su blog, y aprender a hacerlo de manera efectiva es necesario si usted desea hacer crecer su blog de forma masiva. Probablemente ya haya cubierto los conceptos básicos para compartir las publicaciones de su blog en sus plataformas de redes sociales, por lo que ahora va a extenderse más allá de eso cuando se trata de compartir su blog con otros. En esta sección, explorará algunas formas más avanzadas en las que puede comenzar a desarrollar su blog y aumentar su número de lectores para que pueda tener un mayor impacto con su blog en 2019.

Lo primero que usted debe hacer para hacer crecer su blog es conectarse en red con otros blogueros, lo que puede hacerse fácilmente uniéndose a grupos de Facebook o foros comunitarios donde los blogueros se unen para apoyarse mutuamente con el crecimiento. Conectarse con los blogueros de esta manera le brinda una gran oportunidad para comenzar a establecer contactos con personas, y esta red puede brindarle una gran cantidad de oportunidades de crecimiento si continúa fomentando. Cuando usted se conecta con otros blogueros, puede obtener el apoyo de estos blogueros de muchas maneras, desde que lo inspiren a probar nuevas técnicas con su blog o mercadeo, hasta que le recomienden a sus lectores o seguidores para contenido como el suyo. La clave aquí es asegurarse de que también está contribuyendo a su red, ya que las personas no querrán apoyarlo y ofrecerle oportunidades de crecimiento si no está ofreciendo el mismo respaldo. Asegúrese de ser generoso al recomendar a los blogueros de su red y crear oportunidades para que su red crezca, además de traer nueva inspiración e información a la comunidad. Cuanto más apoye a los demás de una manera genuina y significativa, más querrán apoyarlo los demás, lo que significa que todos pueden hacer que sus blogs crezcan mucho más.

Otra cosa que usted puede hacer para comenzar a aumentar su número de lectores es contribuir a los mejores blogs en su nicho para que su nombre salga a la luz y la gente pueda encontrarlo. Por ejemplo, si usted es un bloguero de negocios, puede considerar contribuir a Forbes para que la audiencia de Forbes pueda descubrirlo y, como resultado, las personas también puedan localizar su blog. Otros excelentes ejemplos de blogs como este incluyen «*Psychology Today, The Disney Blog, Babble*» (Psicología Hoy en día, el blog de Disney, Babble) y cualquier otro blog que sea conocido por servir a un determinado nicho con una variedad de publicaciones de contenido diferentes generadas por los usuarios. Tenga en cuenta que la contribución a estos blogs se realiza de manera diferente según el blog que esté buscando, por lo que necesitará encontrar la página de su colaborador y descubrir qué pasos son necesarios para que pueda contribuir al blog en sí.

El siguiente consejo puede ser obvio, pero vale la pena destacarlo: asegúrese de que siempre está publicando el contenido que su público realmente quiere leer. No hay nada peor que publicar y no tener a nadie que lea, así que, si esto ocurre, debe considerar seriamente el hecho de que puede estar publicando contenido que su público no está leyendo porque no le interesa, o que ya lo ha escuchado en otros lugares varias veces, y está cansado de escuchar el mismo contenido reiterado por todos los blogueros que hay. Asegúrese de que está haciendo un contenido relevante y fresco que su público quiera leer y del que pueda obtener valor para que pueda atraerlos a su página. Si hasta ahora usted ha estado escribiendo en base a lo que más le interesaba y no necesariamente investigando qué es lo que sus lectores van a consumir, ahora es el momento de aprender a identificar lo que le importa a su público para que pueda empezar a hacer contenido que sea relevante para ellos. Usted puede hacer esto haciendo primero una búsqueda de palabras clave para ver qué palabras clave están actualmente en tendencia en su industria, ya que esto le dará una idea de las áreas en las que debe centrarse cuando se trata de escribir nuevo contenido.

Una vez que usted ha identificado las palabras clave que están de moda, debe determinar cuál será el tema correcto, y qué ángulo debe tomar en ese tema para llegar a su audiencia de manera efectiva. Usted puede hacer esto mirando hacia atrás a qué tipo de contenido ya ha estado trabajando para usted para ver lo que más le gusta a su público, y viendo lo que está funcionando mejor para su competencia también. Dese cuenta de que no quiere copiar directamente a su competencia ya que esto solo resultará en que usted tenga contenido regurgitado en su página, pero tener una idea de cómo están teniendo éxito puede ayudarle a obtener inspiración para la forma en que desea mostrar su contenido al mundo.

A continuación, empiece a ver dónde se encuentra su público en línea y empiece a prestar atención a las conversaciones que están teniendo y cuáles son sus opiniones y curiosidades. Cuando usted se da cuenta de las conversaciones que su público está teniendo, le permite comenzar a decidir cuál es su opinión y cómo su opinión puede ser vista como beneficiosa o interesante para su público. De esta manera, usted puede comenzar a hablar sobre lo que es relevante para su audiencia y de una manera que va a ayudarles a comenzar a entender más sobre el tema, haciendo así que su blog sea interesante, informativo, o ambas cosas.

Posteriormente, comience a realizar un seguimiento de las métricas de su blog para que pueda tener una idea de lo que su público está disfrutando más. Cuando usted comprende qué contenido le gusta más a su público, le resulta más fácil comenzar a ofrecer este contenido de manera más consistente para que su público pueda seguir regresando por más de lo que le gusta. Preste atención a la cantidad de gente que está viendo sus publicaciones y al tipo de compromiso adicional que están recibiendo para que pueda hacer crecer su página aún más. Si observa que existe una tendencia en el contenido que no es del agrado de su público, tome nota de ello también y asegúrese de reducir la cantidad de contenido que comparte y que gira en torno a esa tendencia para evitar perder el tiempo produciendo contenido que a la gente no le guste especialmente.

Por último, usted quiere hacer crecer su blog aún más, haciendo de la promoción una parte de su estrategia de blog. En lugar de hacer que su estrategia sea simple y solo publicar y luego compartir en los sitios de medios sociales, haga una estrategia real que va a seguir para que su blog salga a la luz y crezca aún más. Preste atención a las estrategias que le permitan promover lo que está compartiendo en su blog junto con lo que ya está hablando en otros lugares en línea, de modo que cuando comparta el contenido de su blog, este se vincule con todo lo demás. Por ejemplo, digamos que ha estado hablando de una nueva estrategia de mercadeo de Instagram durante toda la semana, escriba una entrada en su blog sobre eso para que ya tenga una ventaja cuando se trate de compartir su entrada porque la gente se ha acostumbrado a escucharle hablar de ello durante toda la semana. Cuanto usted trabaja este tipo de estrategias a largo plazo en sus prácticas de promoción, más trabajará su estrategia porque usted está poniendo el trabajo de ser conocido en lugar de solo visto. Esta es la gran diferencia entre los que crecen y los que no: los que crecen no solo quieren que se vea su contenido; quieren que su contenido se recuerde y se revise regularmente. Así es como se mantienen en la mente de su audiencia y continúan creciendo sus blogs con el tiempo, marcando realmente un impacto y siendo memorables.

Integrando su blog con su contenido audiovisual

Si usted tiene un podcast, un canal de YouTube, o ambos, la integración de estos con su blog es una excelente forma de promoción cruzada, mientras que también le da aún más contenido para hablar. Un gran ejemplo de personas que integran sus blogs con su contenido audiovisual incluye a Amanda Frances y Jess Lively. Amanda Frances sube un nuevo blog cada miércoles que tiene un video de YouTube que es seguido por el video que ha sido transcrito para que la gente pueda ver, escuchar o leer el contenido que ella está compartiendo, dependiendo de lo que les interesa. Frances también ha iniciado recientemente un podcast que también comparte en su blog, dando nuevamente a la gente la capacidad de leer o escuchar su último contenido. Jess Lively hace lo mismo subiendo los enlaces de sus podcasts a su blog y escribiendo un breve extracto sobre cada episodio del podcast para que la gente pueda ir a su blog, hacerse una idea de lo que implica cada episodio y luego verlo. Esta es una gran oportunidad para hacer promoción cruzada, mientras que también se obtienen los beneficios de SEO de un blog, y mantener su contenido de audio o visual todos juntos en un área simple de encontrar en su sitio web. Para muchas personas, esta es la forma más fácil de agrupar el contenido audiovisual en su sitio web, ya que todo está en el mismo lugar y su público puede buscarlo fácilmente.

Si usted tiene un podcast o un canal de YouTube y no necesariamente desea iniciar un blog, pero sí desea los beneficios de tener uno, siempre puede utilizar su blog exclusivamente para compartir su contenido de audio o visual. No es necesario que usted transcriba sus videos ni que ofrezca ningún otro tipo de contenido, sino que puede dejar los breves extractos de sus publicaciones combinados con sus podcasts.

Siempre puede hacer la alternativa con un podcast o un canal de YouTube a un blog también, donde puede hacer uno, o varios, videos más pequeños o podcasts con puntos individuales de una entrada de blog y luego vincular cada video o podcast de vuelta a una entrada de blog que tiene información mucho más profunda. Esta es otra gran oportunidad para atraer a su público de vuelta a su blog, y atraer a la audiencia de su blog a su podcast o canal de YouTube, lo que le permite promover todo por igual, con lo que su plataforma crece aún más rápido.

Mercadeando su blog de manera efectiva

Por último, asegúrese de que está comercializando su blog de manera efectiva, ya que no hay nada peor que tener una gran entrada en el blog y una mala estrategia de marketing que no le hace justicia a su blog. Su estrategia de marketing debe ser tan pensada como su estrategia de publicación cuando se trata de encontrar nuevo contenido para que usted escriba. Debe asegurarse de que está prestando atención a cómo funcionan los algoritmos de los medios sociales en las plataformas en las que está compartiendo, y que está aprendiendo a generar entradas que hagan que su contenido sea visto por su público. Preste atención a cómo puede utilizar las palabras clave, cuándo debería estar publicando, cuánto tiempo deberían durar sus publicaciones y qué hashtags debería utilizar, si es que debe utilizar alguno en esa plataforma. Cuanto más claro tenga cómo funciona cada plataforma en lo que se refiere al marketing, más fácil le resultará escribir entradas de marketing para sus blogs que harán que estos sean vistos. En otras palabras: no abandone un enlace y salga disparado, o escriba una entrada mal hecha que no haga que su blog se vea, ya que esto le hará perder el tiempo y hará que su blog crezca muy lentamente.

Además de aprender a escribir sus publicaciones de marketing en estas otras plataformas de medios sociales con éxito, asegúrese de que los está aprovechando de manera efectiva en general. Por ejemplo, la mayoría de las plataformas de medios sociales prosperan cuando se comparte el 20 por ciento del contenido de marketing y el 80 por ciento de otro contenido, por lo que, si desea compartir sus publicaciones de blog en las plataformas de medios sociales, también debe compartir otro contenido en esas plataformas para que realmente se le vea. De esta manera, se aprovechan estas plataformas y se obtiene un mayor número de ojos en su perfil, lo que facilita que las entradas de su blog sean vistas en primer lugar.

Cuando se trata de comercializar su blog o sitio web en general, siempre debe ver el proceso como un embudo de ventas. Incluso si usted no está vendiendo nada en cada entrada del blog, usted quiere verlo de esta manera para que usted pueda tener sentido de cómo el contenido está trabajando en conseguir que la gente a su página. Su embudo de ventas funciona haciendo que la gente lo encuentre en los medios sociales y se enamore de su presencia en los medios sociales, y luego haga clic en su sitio web donde pueden obtener más valor del contenido que usted comparte allí. Una vez que estén allí y se enamoren, puede utilizar el contenido de su página para llevar eventualmente a su público a sus páginas de ventas, donde pueden inscribirse en sus programas, comprar sus productos o comprarle de otra manera. Si trabaja como influencer, utilizará las entradas de su blog para enviar a la gente al sitio web de la empresa que está promocionando, de modo que su público pueda comprar sus productos o servicios y así ganar una comisión.

Conclusión

Felicitaciones por completar la *Marca Personal: ¡Cómo poner su marca personal en línea en 2019 utilizando el mercadeo de medios sociales y el potencial oculto de los influencers Instagram, la publicidad en Facebook, YouTube, Twitter, Blogs y más!*

Este libro debería haberle mostrado cómo aprovechar algunas de las herramientas más populares de Internet para hacer crecer su marca personal y obtener ingresos en línea. Este libro fue diseñado para ayudarle primero a aclarar y hacer crecer su marca personal para que usted pueda saber fácilmente qué es lo que usted está planeando comercializar para su audiencia. De esta manera, usted puede sentirse seguro de que su público va a saber quién es usted porque usted sabe quién es. Después de aclarar su marca, se le mostró cómo influir en las principales plataformas para hacer crecer su marca y ponerse delante de su público más para causar un impacto.

A medida que usted lee este libro, con suerte, usted comenzó a buscar maneras de aplicar inmediatamente la información y hacer crecer su marca. Todos los pasos dados ofrecían la oportunidad de hacerse descubrir para que su marca crezca aún más. Cuanto más crezca su marca, más se abrirá a recibir oportunidades a través de su marca que le permitirán seguir creciendo y obtener beneficios. La clave aquí es entender que la aplicación de las herramientas proporcionadas en este libro necesita ser consistente para obtener valor de ellas, así que no sienta que está fallando o que su marca no es lo suficientemente buena simplemente porque no obtiene resultados instantáneos. Cuando se trata de una marca personal, su capacidad de ser consistente y de salir a la luz es una gran parte de su capacidad de ser visto y escuchado.

Además de ser coherente, también debe asegurarse de que está siendo inteligente y se acerca a su marca como un negocio, incluso si no está obteniendo beneficios de ella todavía. Cuanto más conozca su marca, más comprenderá lo que se necesita para hacerla crecer, pero solo llegará a ese punto si se toma el tiempo para conocer su marca. Esto significa que usted necesita prestar atención a la forma en que las personas interactúan con usted, cuáles son sus métricas y lo que dicen acerca de su marca, y cuán eficientemente está haciendo cumplir sus estrategias de comercialización.

El siguiente paso es implementar estas estrategias. También necesita comprometerse con usted y su marca a continuar implementando y refinando estas estrategias durante un período determinado (digamos, seis meses) para que pueda ver el valor que aportan. No verá el crecimiento de su marca si no se compromete con sus nuevas estrategias, o si no se compromete a ver cómo pueden encajar en su marca. No se haga el desaire de ser demasiado flojo con sus objetivos, ya que esto resultará en su fracaso.

Por último, si disfrutó de este libro, una reseña honesta en Amazon Kindle siempre es bienvenida.

¡Mucha suerte!

Vea más libros escritos por Matt Golden

www.ingramcontent.com/pod-product-compliance
Lightning Source LLC
LaVergne TN
LVHW041649060526
838200LV00040B/1764